暗中蔓延的妥協

妥協
危機

古路思　著

U0086711

前言

　　基督徒的標準可能是現今教會最忽略的要道了。今天在這重要的領域內，可供應此基本教訓的出版物非常稀少，只有極少數的小冊和單張，企圖討論關於基督徒生活與世俗有所分別的基本及實用原則。

　　不願意在基督徒所作所為的特殊主題寫作的理由，可能在於兩種恐懼：第一是怕得罪大多數的教友們，因為他們的生活遠低於聖經標準。第二，是怕被戴上論斷人，靠守律法得救，自認比人聖潔，缺乏個人與基督之間愛的關係等各種帽子。

　　我們被迫反而承認這些恐懼是對的。以法利賽人的精神寫出來的文章實在太多了。撒但就利用少數人的狂熱意見之言論，威脅那些在這題目上提出溫和意見的人。並且撒但常常在他特別恨惡的主題上，在教會中促使多人把我所討論的基督徒標準視為極端與不適當。

　　這些因素結合起來，造成了這主題上資料的缺乏。因為這個理由，如果不計其他因素，就有極大需要將不與因信稱義相衝突的，平衡的聖經行為原則，教導教會，使每一

位真基督徒將之作為他生活方式的基礎。

我們也必須承認，這主題不需要多所討論。畢竟行為不是獲得救恩的手段。我們是因著信，靠恩得救；並非靠我們的行為、順從與外在的品行。任何過分強調這些外在的東西，都極容易被誤解為否定因信稱義。

很明顯地，本文寫作之時，這種過分強調並不存在於教會領導階層，只是偶而會聽到這題目學術性的聲音。另一方面，在因信稱義方面的宣講，則有驚人的復興，這也理當如此。現今教會在宣講因信稱義的真實定位時，最大需要是更多瞭解有關稱義與成聖之間經驗性的關係。但在宣講這些救恩屬靈的深刻真理時，絕不可講甚麼貶低順從的重要性。有人似乎無法維持信心與行為之間美好的平衡。但它卻如此重要與必要。無論是對恩典或對行為產生誤解，都會使經驗發生混亂，使個人見證挫敗。

有人會反對，以為這樣一本書是不必要的，因為外在的行為是一種自然的、自發的，悔改歸向基督而有的結果，因此，生活會自動產生出真實順從和公義的果實。但這是否完全正確呢？的確，內心悔改的態度，會生發行動，但大多數獻身的基督徒仍需要被教導。

許多基督徒守星期日和抽香菸，因為沒有人告訴他們聖經反對這些行為。我們根據上帝的話教導他們，改變他們的行為，算是教導人靠遵行律法得救嗎？講論其他範圍的外在行為需要與聖經和諧，是錯誤嗎？

　　在你讀本書之前，有一最終論點必須說明。基督徒的標準這項教義，是專為屬靈的人訂的。本書不是為還沒有悔改之人寫的。無疑地，本書在世俗的人看來，乃是愚拙。

　　請不要將本書表達的意見，叫還沒有重生的家人遵守。特別是，我們不建議，把衣著的標準，強制還未悔改的人遵行。請聽這警告：

　　「你不可能改變人心，制訂一不同風格的服裝改變不了人心。困難是，教會需要天天悔改。……那些大膽不服從最簡明的上帝啟示之聖言的人，絕不會注重人叫他們穿著樸素、整潔、不加修飾，適當的衣著努力。……對那些奉自己為偶像的人，不可叫他們經受人類的任何考驗。因為如此，只會給他們最終的背叛藉口。」（「我們的健康信息」原文429,430面）

　　請將本書原則實踐在你自己的生活中，其中一些在出版的書刊中是罕見的。不可衝動說，這是狂熱，要一直等到你讀完整本書之後，並且祈禱上帝指示你，在這個世界最後日落餘暉漸漸黯淡之時，你對這些教訓應該如何。

第一章

我們的仇敵──世界

今日世界正處於一個不可思議的流動與變遷的境況之中。傳統的觀念和價值，能在相當短的時間內改變和幾乎轉變成相反的方向。在使人麻木的電視和高速度的電子媒體影響下，心智受到支配，思想模塑成型，判斷力也被控制。無數的人受到此種影響，並對其思想與道德被改變的強有力的人為工具。幾乎毫不在意。

毫無問題，幕後是撒但在操縱、指揮狡猾的勢力。這些勢力旨在摧毀我們的靈性。在這些勢力催眠性的影響下，基督徒的心思，成功地被洗腦，如同最頑固不化的罪人一樣。

我們唯一的安全是認清敵人巧妙的偽裝。我們周圍已埋下數以千計的偽裝致命陷阱。我們的思想，就在不知不覺中，受到所見所聞的影響；屬靈的信心被沖淡，至終完全消失。我們對罪惡的超敏感性，也因不斷地暴露在誘惑人的社會中，看來好像純潔的影響下，而變遲鈍了。

聖經中，非常簡單地以「世界」形容撒但這些殺傷性武器。沒有人能說我們沒有聽到這種道德遭受傷害的警告。保

羅、雅各和約翰都十分迫切地寫下與世界合流的危險性。

「不要愛世界和世界上的事。人若愛世界，愛父的心就不在他裡面了。因為凡世界上的事，就像肉體的情慾，眼目的情慾，並今生的驕傲，都不是從父來的，乃是從世界來的。」（約壹 2:15-16）

「你們這些淫亂的人（原文作淫婦）哪，豈不知與世俗為友就是與上帝為敵嗎？所以凡想要與世俗為友的，就是與上帝為敵了。」（雅 4:4）

「你們若屬世界，世界必愛屬自己的；只因你們不屬世界，乃是我從世界中揀選了你們，所以世界就恨你們。」（約 15:19）

「又說：你們務要從他們中間出來，與他們分別；不要沾不潔淨的物，我就收納你們。」（林後 6:17）

「祂為我們捨了自己，要贖我們脫離一切罪惡，又潔淨我們，特作自己的子民，熱心為善。」（多 2:14）

這幾位聖經作者擁有一種出於聖靈感動的堅強觀念，指出聖潔與世俗混合的致命錯誤。他們異口同聲對我們說：「不要愛世界，你們不屬世界，要從世界分別出來，作特殊的子民。」

這些經文不可被錯用解釋為命令我們離棄世界上的一般職業。十分明顯地，它們是反對某些對基督徒生活方式，

具有高度決定性之風俗傳統與意見的影響力。並且耶穌曾親自指出，世俗的事物，會在人看來毫無問題，但祂在對法利賽人的談話中，立下了一個永久性原則：「……人所尊貴的，是上帝看為可憎惡的。」（路 16:15）

請細心研究這句話。基督是說，在社會上最有榮譽，最受人尊敬的事物，卻是真理最大的敵人。祂是說，祂的子民應該站在與世上流行的行為相反的立場。真實的基督徒應該拒絕外在世界所接受，所認可的生活方式標準。我們是否知道怎樣才能採取這個立場呢？要採取與那些熱忱、口才好的國家名人相反的立場是非常不容易的。尤其是在教會偉大制度的支持之下，又倚靠那些「人所尊貴的」事物之時，的確不容易。這種錯誤的生活方式，公然的，理所當然的為人所接受。所以，任何偏離這生活方式的人，都被視為愚蠢與不合理。懷愛倫解釋說：「當我們達到主所要我們達到的標準時，世上的人會認為基督復臨安息日會的信徒是古怪的、異常的、死板的極端主義者。」（「基督教育原理」原文289面）

這又引起我們想到另外一個極重要的問題：這些具有魔力、偽裝的手段，對餘民教會能發生甚麼影響呢？我們的大仇敵詳細研究過的目標是，使罪惡的外表看起來無可指責。如可能，則滲透進入聖徒的大本營。那最後能抵抗無法無天者的堅固堡壘是女人的後裔。啟示錄12章17節說：「龍向婦人發怒，去與她其餘的兒女爭戰，這兒女就是那守上帝誡命、為耶穌作見證的。……」

　　撒但恨惡上帝的律法，他恨惡安息日，他恨惡那些站立在缺口中高舉律法有效性的人。幾百年來，魔鬼利用特別的武器，攻擊上帝的子民。這些武器隨著時代不斷改變，而逼迫人的利刃時常指向忠心於上帝誡命的一小群餘民。

　　當拼命的魔鬼拿出最兇狠的武器，來對付真教會時，逼迫及死刑就出現了。他知道這是生與死的搏鬥，是決定永恆關鍵性的大鬥爭。這一次他決不忽視任何可利用的優勢。倚靠六千年來積聚心理學方面的專業能力，以及扭曲人意志的經驗，他發明了可行的計畫，軟化人對他的怨恨。這計畫的內容是，藉著與世俗妥協，逐漸減弱基督復臨安息日會信徒的防衛力。這是撒但巧妙設計的終極武器，用以暗中摧毀餘民教會的信徒。

　　這將有何種程度的成功呢？多少人因即將來臨的危機，因屈服於世俗事物而墮落呢？我們不必驚訝，預言之靈已經一再給我們回答。這些回答令人難過，我們真希望這不是真實的。請閱讀而驚訝吧！

　　「我要說，我們正活在最嚴肅的時代。在最近給我的異象中，我蒙指示令人驚訝的事實。現今接受真理的人，只有少數因真理成聖而得救了。多人將聖工的單純性弄複雜了。他們順從世俗，崇拜偶像，成了屬靈的死人。」（「教會證言」卷一原文第608-609面）

　　實在無法令人相信！大多數現今在真理中享受喜樂的人，會放棄他們的信仰而喪失。他們之所以會喪失，是因

為他們「依從世俗」。撒但狡猾無邪的外貌，高度受人尊敬的生活方式，將解除他們的武裝，使他們脆弱，最後毀滅他們。另一句最清楚的話是：「現今許多看來很是真實純正的人，到那時就要顯出是劣質的金屬了。」（「證言精選」卷二31面）

對敵人使人軟弱的陰謀，懷愛倫曾用以下的話清楚地描述說：「時候快到，試驗要臨到各人。那時我們要被強迫遵守偽安息日。爭點乃在於上帝的誡命和人的誡命之間。凡業已逐步屈從世俗的要求以致依附世俗習慣的人，必要向這些權勢屈服，而不願忍受嘲笑、侮辱、監禁、或死亡的威脅。那時，精金和渣滓就必分別開來。真實的敬虔與那徒具外表的虛飾，也必清楚地辨明。我們素來所敬仰的許多『明星』必要隕落於黑暗之中。那些妄自穿著聖所中的衣袍，而沒有披戴基督之公義的人，到那時必要露出他們赤身的羞恥來。」（「先知與君王」142, 143面）

不要忽略了描寫大眾變節的理由：「凡業已逐步屈從世俗的要求，以致依附世俗習慣的人，必要向這些權勢屈服。」

不但是大多數要被篩出教會，他們會實際轉身反對他們以前的弟兄們，成為真理殘酷的敵人。

「在這次暴風雨臨近的時候，必有許多素來承認相信第三位天使信息，而未曾藉著順從真理而成聖的人，要放棄他們的立場，去加入反對真理的隊伍。這等人因久與世界聯合，已感染到它的精神，以致對於一切問題的看法幾乎

和世人完全相同；及至試煉臨到，他們就要隨波逐流揀選那容易走的道路。一些多才多藝，能言善辯的人，一度曾因真理而歡喜，這時卻要用他們的才能去欺騙並誘惑人。他們要成為從前同道弟兄的最狠毒的敵人。當遵守安息日的人被帶到公庭上為他們的信仰辯護時，這些背道者要成為撒但最得力的爪牙工具，誣蔑他們，控告他們，並利用明槍暗箭激動官長去反對他們。」（「善惡之爭」630面）

「與世界聯合，……揀選那容易走的道路。」這樣的言語使我們驚訝不已。這裡顯示出撒但蠱惑人的心理工具，用之攻破道德的保障，叫人與世俗妥協來依從世俗。

「教會在和平和順利的時候沒有做的工作，必須要在可怕的危機，要在最使人沮喪、可怕的環境下進行。那被迫停止與受壓制命令信徒不與世界聯合的警告，是在我們的信仰之敵憤怒之下發出的。那時，外表上的保守派，他們的影響力堅定的阻礙了工作的進展，要否定信仰，要採取敵人同樣的立場，並長期同情他們。那時這些叛道者將成為兇惡的敵人，將他們全部力量用來壓迫及傷害他們以前的弟兄，激起憤怒反對他們。這日子就在我們眼前。」（「教會證言」卷一原文278面）

「與世界聯合」這句話又在上面的話中發出。我們一再受到警告，撒但要藉世俗發動大攻擊。但是我們卻很少聽到這個特殊的題目。數以千計的基督復臨安息日會信徒，盲目不顧這惡者的作戰計畫。本會信徒有些被誤導，以為在生活方式與標準的一切論調，都是靠守律法得救。他們

以為那是吹毛求疵與論斷人，這正是撒但要他們有的感覺。他們談論與思考真安息日的最終試驗，卻不明白，決定這項考驗的結果是在現今。

懷愛倫說：「那些與世俗聯合的人，正在接受世界的陶鑄，預備受獸的印記。凡不信靠自己，而在上帝面前虛己，乃因順從真理而潔淨己心的人，乃是接受上天的陶鑄，預備在額上受上帝的印記。」（「證言精選」卷二70,71面）

獸的印記即將執行。個人必須選擇真安息日的一方，或偽安息日的一方。基督復臨安息日會的信徒，將因為他們的信仰面對死刑；悲慘地，他們大多數無法在危機中站立得住，顯示出不忠心，因為他們以前的妥協和對基督徒標準不夠堅定。由於逐漸屈服於世俗習慣與時尚，他們的決心已如此弱化，以致無法忍受試煉。這樣的妥協現在正在進行中。就在目前，大多數我們教會中的同道們，正屈服於世俗，其嚴重性已達到在獸印執行時即將失喪的程度。

有個問題困擾著我。我要與他們一同屈服嗎？這項潮流會在教會中發生極大的震撼。我如何才能確知我沒有隨波逐流呢？撒但利用偽裝和殘酷的方法，使如此多的上帝子民們盲目至終選擇世俗，放棄真理，何等狡猾！這真是他對付聖徒一切欺騙人的計畫中最精巧的傑作。這些聞名於大眾，具有高度生活標準的人，竟墮入奸計，而採用不同的生活方式。如今，一般復臨信徒會憤慨地否認屬乎世俗。本會大多數信徒會慎重地保證，即使面對死亡也不會

放棄他們的信仰。然而，我們剛才讀到的懷愛倫的訓勉中說，他們會變節。

這是甚麼意思呢？這是說，大多數的本會信徒在不知不覺中已成為世俗的俘虜。他們沉醉於危險的妥協之中；以為那是無罪、可以接受的。他們變得十分盲目；不知道他們所作所為已是何等世俗化。

他們為甚麼看不出他們已與世俗結合呢？因為降低標準的速度是緩慢的，逐漸進行的，沒有人會注意到其發生。魔鬼的陰謀並非使教會突然放棄歷年來反對肉慾與世俗的立場。他過份聰明，知道我們絕不會突然宣告可以去看電影、化粧、戴首飾，或喝茶及咖啡。

但撒但知道，人的心思，在暗示與聯想的力量下是如何運作的。藉著無窮的忍耐，他介紹本身無可指責的圖畫、文字、理念與行動等等。事實上，許多撒但「無辜」的工具，不但在人間享有高度的評價，而且還有值得讚揚的質地與特徵。一個十分完美工具的例子是「電視」。我們中間有許多人聽到有關好的新聞、記錄影片與宗教節目等令人信服的論據。沒有人能說，在客廳裡的電視機本身是個罪惡的東西。以電視機本身而論，它是個好傢俱，及好資訊的來源。

於是，撒但就進行他無與倫比的巧妙的心靈攻擊。藉著觀看處於好與壞邊緣的喜劇、暴行等，判斷力就逐漸慢慢變遲鈍了。思想就因新輸入的資料而變更。不知不覺中就對所見所聞的資料品質開始容忍了。

有兩段聖靈啟示的話能幫助我們瞭解仇敵的工作是如何進行的：

「撒但藉著三角形的鍥子迂迴地打入，進入的範圍，愈來愈大。現今撒但的這項工具，正用於上帝的特別工作中。」（「證言精選」原文卷二21面）

「這個仇敵的工作，不是突如其來的；也不是初來就使人感覺突兀可驚的；乃是暗地埋伏著，要向正義的堡壘進行破壞。開始的時候，似乎是在一些小的事情上不完全效忠上帝，不完全倚靠他，並隨從世俗的習慣和行為。」（「先祖與先知」732面）

要認清楚我們被任何特殊影響力引導的方向是何等重要。鵪鶉被捕的方式，與撒但的技巧相彷彿。在離捕捉鵪鶉的陷阱數尺的地方放些麥粒。開始時，鳥來吃麥粒的時候有些害怕，但發現居然沒有危險，以致恐懼就減輕了。

次日，麥粒放得更近陷阱，此時鳥對散佈的麥粒，已沒有那麼謹慎了。一天又一天，麥粒一步又一步地更接近陷阱，一直到鵪鶉完全以為麥粒之處毫無危險。那時麥粒就放入陷阱。鵪鶉照舊來吃。當然牠們以為，好吃的仍舊好吃；安全的盛宴仍然安全，而陷阱的攻擊就發動了。

我並不是說，鵪鶉從此不可吃麥粒，或說基督徒要停止一切有益的活動。要點是應該十分小心考慮到我們被引導的「方向」。若是它們可能使我們走向對靈性有危險的方向，就該願意放棄「好」的事情。

好事情能領我們到錯誤的方向嗎？的確可能。基督徒被引導，以某種程度放棄他們的高標準，常常是在完全無辜的過程中進行的。

這也常是妥協溜進教會的方式。撒但介紹一種稍微可能引起反對的活動。事實上，這種活動很難定義為不良的活動；而且因為越軌的行動微小得使人不願討論。一些忠心的信徒對之感到稍微不安，但不願提出，因為怕人稱他們為狂熱份子。他們決定等有重大的事件時再採取更堅強的立場。

不幸的是，絕不會有更重大的事。撒但謹慎地安排妥協的每一步都十分微小。他知道如此即可使人失去勇氣，來反對微小的越軌行為。

從前魔鬼最喜歡用的辯護理由是：「大家都這麼做呀！」雖然年輕人有時仍利用這句話，但如今已有新的語言為向世俗妥協辯護說：「稍微一點點沒關係」。裙子稍微短了一點；飲料中稍微含有一點咖啡因；電視中稍微有一點暴行；結婚戒指是小小的；化粧的顏色也只是淡粧而已；我們可以一直舉例下去⋯⋯。

我們似乎尚未得到羅得離開所多瑪城的教訓。他全家人都拒絕離開那座即將毀滅的城。他選擇居住在罪惡環境中，因而失去他的一切，包括他的家、財物，與他的女兒。當天使勸他們逃往山上去時，他卻懇求只逃到另一座城。他的理由是：「這不是一個小的嗎？」（創19：20）

他怎能如此？毫無疑問，羅得已經得到教訓。那城幾乎

毀滅了他。自從他「挪移帳棚直到所多瑪」的日子，他的家眷就不可思議地，一步一步趨向城市腐敗社會的一切惡行。從不偏不倚的邊緣，竟沉淪到不能相信的地步。

當羅得懇求讓他逃到另一座城時，他顯明了，逐漸妥協使感覺盲目與判斷力扭曲。今天教會中有多少早已挪移帳棚到了所多瑪？有多少人已開始跨出了容易辯護的妥協的第一步？有多少基督徒對其感到不舒服，但卻沒有勇氣發出警告呢？ 之後發生了甚麼事？那些感覺變遲鈍了的基督徒，他們的標準逐漸下降，並以同樣的理由辯護說：「這不是一個小的嗎？」這豈不解釋了世俗如何暗暗地蔓延到餘民教會之中了嗎？例如迷你裙的不良服飾，不是在安息日早晨出現，成為基督復臨安息日會十分平常的情形嗎？

如果裙長到膝蓋是可以的，那麼，到膝蓋以上半吋又有何不好呢？如果到膝蓋半吋合乎規距，那麼再短半吋又有何妨呢？

為甚麼對此很少聽到抗議的話？因為這種越軌行為每一階段都太微小而沒有引起人的警覺。甚至教會當局也沒有注意到真正發生的實情。許多膽敢發言的人，被控為思想不正確就立刻沉默了。能不斷對違反嚴謹行為繼續吹起警戒號角的人，少得可憐。

我們對世俗的侵入特別保持沉默，要如何解釋呢？無疑地是基於不敢得罪別人。

「我看見有人要起來反對簡明的證言，因證言不合他們本

來的口味。他們要人對他們說好聽的話，他們的耳要聽和順的聲音。我看到，教會正處於前所未有的大危機中。知道實踐宗教的人，為數不多。震撼即將發生以潔淨教會。

「傳道人必須毫無顧忌地宣講上帝話中的真理，將真理發揚出去。我蒙指示，宣教士們為甚麼沒有更加成功的原因。他們不敢傷人的感情，不敢失禮，他們就降低真理的標準。如有需要，就隱藏本會真理的獨特性。我看見上帝不能使之成功，真理必須尖銳，具有促成人決心的必要性。當假牧人高喊平安，傳揚悅耳的信息時，上帝的僕人必須毫無保留地大聲呼喚，將後果交給上帝。」（「屬靈的恩賜」卷二原文284-285面）

教會最大的需要是有勇氣的宣教士，勇敢地宣講是與非。真正愛羊群的上帝牧人，不會猶豫，在每次講道中，正確地指出罪名，指責罪惡。直爽的講道叫人為罪憂愁，乃是最真實愛心的表現。這樣的牧人將為他的羊群流淚，也與他的羊群一同流淚，絕不會不傳講醫治與復原的信息。

「先組與先知」中一段話，除了聖經之外，比任何書中我所讀的更為影響我的傳道工作。我受封為牧師後第一次讀到這段信息時，即刻在我心中燃燒。這信息不但用於牧師，同樣也可用於父母，因此對我有雙重衝擊。

「那些缺少膽量，不敢譴責錯誤，或因懈怠懶惰，或從不關心，不努力使家庭或上帝教會潔淨的人，必要為自己疏忽責任所引起禍害的後果負責。我們對罪惡的責任也正

是如此，我們要以作父母或牧師的威權去制止邪惡，否則就正像我們自己犯了這些罪一樣。」（「先祖與先知」585,586面）

切勿忽略上面的話的衝擊。如果我怕吹號角，不敢警告上帝的子民即將面臨的屬靈危機，致使他們被引入罪惡，那時我就要為那些罪負責，如同是我自己的罪一樣。我不願為別人的罪負責。這是我著作本書的一個理由。今天聽到我們大敵的陰謀與摧毀教會力量之警告的人太少了。阻止世俗入侵的唯一辦法就是劃清界線，與堅定立場。蠶食我們的標準將會繼續進行，直到我們鼓起勇氣對抗最初的妥協。懷愛倫師母說：「基督與祂子民之間的距離正在擴大，而他們與世俗之間的距離則越來越接近。」（「屬靈的恩賜」卷四原文68面）

她又寫道：「我們唯一的安全就是採取上帝特殊子民的立場。我們絕不對這敗壞世代的風俗習慣作一吋讓步。要在道德上保持屹立不變，不向敗壞的拜偶像行動妥協。」（「教會證言」卷五原文78面）

這將是我們的目的。在下面各章中，將廣泛討論一些基督徒標準。這些都是撒但暗中蔓延的妥協詭計，所特別集中攻擊的目標。

第二章

赤身露體莊重嗎？

　　衣著可能是聖經原則中最敏感的問題了。因為無法同意名詞的定義，嚇退了許多傳道人不願面對此主題。甚麼是莊重與不莊重？關心這題目的教會發言人士，因為自由主義派憤怒地指摘批評衣著的人，自己心思不正而感到十分困擾。

　　有人甚至大大誤用因信稱義，以為凡是討論外在的行為，就是否定基督贖罪的公義。

　　這題目是否值得特別思考？它是否過份被強調？關於這主題，本會出版社出版了多少本書呢？沒有任何出版物說，過分裸露身體會受到任何傷害。很少小冊子或單張會對這事加以說明。很少本會書籍將之視為屬靈問題予以闡述。

　　它是個屬靈問題嗎？請聽「證言精選」卷一600面的話：「現今時髦正在敗壞智慧，並且吞噬本會信徒的靈性。在基督復臨安息日會的教會中，順從時髦之風盛行，使本會的信徒與上帝隔絕，比任何其他的力量都更大。」如果這些話是論到一百多年前的服裝，那麼對今天的男女通用

裝、比基尼裝、上空裝等，要怎樣説呢？

雖然現在迷你裙不再十分流行、但在受歡迎的式樣中，露體的風格仍佔優勢。它應該視為不莊重、非基督化。為了不要有人在「莊重」這個詞上兜圈子，讓我們在這裡嘗試為「莊重」一詞下一個簡單的定義。任何傷害基督徒的事，必為錯事，這不會引起甚麼爭論，因此，任何種類服裝，誘使男人犯罪，毫無疑問地必為錯誤。

那麼，讓我們誠實地承認，裸露身體十分誘惑人，導致人思想與行為兩方面的罪行。在不斷擴大的露體問題上採取十分幼稚行動的人，大有人在。這明白地説明，現在正該是使男女雙方瞭解此一罪惡的時候了。

美國著名專欄作家藍德絲女士曾在迷你裙瘋狂最高潮時在她的專欄中刊出了下面的一封信：

親愛的藍德絲女士：

這裡是一位老不修──年二十二歲──的一封信。我是大學四年級的學生。我在這裡發表的意見，反映了多數男人的看法。

沒有任何狀況比下面情形更可笑的了。一個女孩穿著極短的迷你裙，坐在沙發上拉著裙子，企圖拉下多一些來遮蓋她暴露的身體以保持尊嚴。她羞紅臉如同晚霞，眼睛大似銅鈴地説：「我坐的合適嗎？」或者「有甚麼露出來嗎？」

如果她們不想有任何部位露出來，為甚麼不買布料多一點的裙子呢？不止一次當我的眼珠突出時受到她們的怒視。

請轉告那些偉大的假正經，不要違心責備別人了，她們之所以穿著半裸的原因是要製造出小騷動，請告訴她們應該停止這種行動，加長衣邊就可顯出莊重來。

許多婦女們不顧對她們服裝窄小的批評，反而責怪老不修，說他們的心思不正經。但是基本的錯誤在那裡呢？幾個月前，我在德州主持佈道會時接到一通電話。一位理髮師，他是我每日無線廣播節目的聽眾，盼望到我的旅館來，與我作一次私人訪談。他因為是天主教徒，不好意思公開來參加我的佈道會。但他在電話中表示急切需要一些屬靈方面的指導。

我發現他是一位令人欽佩的基督徒。他說，他極其希望得救並過虔誠的生活。之後他提出他的難題：每天都有穿著迷你裙的女士們到他美容院來。他祈禱、掙扎，並要保持自己的思想純潔。他含著眼淚問我說：「上帝會不會除滅我，因為我始終無法保持我的心靈聖潔。請告訴我應該怎麼辦？我要得救、我要思想上帝，可是，當那些半裸的女人常出現在我的眼前時，我要如何做呢？」

我實在為這位理髮師感到難過。他與每一位基督徒一樣為所面對同樣的難題而掙扎。這並不限於「老不修」。每一位世上的男女與生俱來就有肉慾的天性。可是男性為思想純潔而掙扎，除了因為肉慾的天性之外，尚有其他原

因。上帝造人，在性慾與天性上，男女完全不同。

上帝起初造男人賦以敏銳的性感。看見赤裸的女性就會很快激起性慾。在另一方面，女人的性慾則並不這樣容易激發，尤其是在視覺方面。女人受造，比較容易對觸覺與意愛產生反應。她敏銳的性慾，可以在婚姻中經由肉體的刺激而激發出來。

上帝賜與男人的感情，其目的在使婚姻更愉快幸福。夫妻關係中，男人是積極進取的一方。在上帝美妙的計畫之下，夫妻雙方性的親密能合理地被激發。但請注意，上帝從未計畫叫男人的性慾，激發於「閨房之外」。為了保護男人，上帝將莊重細膩的保守性情賜給女人。所以，除了自己的丈夫之外，不可裸露她的身體。

計畫是完美的，可是在某方面受到了破壞。撒但設法大大地破壞了創造主賜給婦女們固有的莊重。在不斷增長的罪惡咒詛之下，婦女們丟棄了道德自制。無限制的暴露或穿上挑逗性的半裸式服裝，成了現今時尚所接受的標準。無論基督徒或非基督徒，被迫隨處可以看見赤裸的景象。這絕不是創造主原先的計畫。

是甚麼造成這種反常與變態呢？這種性慾氾濫的社會，其道德的品質真正與洪水之前的情形相等。耶穌說：「挪亞的日子怎樣，人子降臨也要怎樣。」（太24:37）挪亞的日子將會在末日重現，是甚麼樣子呢？創世記六章五節說：「耶和華見人在地上罪惡很大，終日所思想的盡都是

惡，……」

我們只需要看看今天娛樂界及新聞媒體的悲慘情況，就知道這預言已充分應驗，色情合法化了。電視頻道中充滿了含蓄的或明顯的淫蕩色情。廣告世界中，甚至在每日新聞報告裡，也散佈著褻瀆的言語，與使人發生聯想的雙關語。現代人的幻想迷蕩著「性」的主題，而且常是不正常與變態的。「同性戀」不但享有他們所要求的容忍共存，更得到大多數心理醫生承認為正常的性行為。

對於那些被肉慾橫流所包圍的基督徒又怎樣呢？不幸的，這些情形並未被拒於教會門外。世俗已慢慢進入餘民教會，以各種不同的程度，甚至膝蓋與大腿也被容忍進入了聖所。尤其是，因其每週出現，我們對其不舒服的感覺也逐漸消失了。

基督徒男士們的本性受裸體的影響會怎樣呢？他們受到外來刺激產生不潔的思想，是否犯了姦淫？藉著上帝的恩典，基督徒也能克服心中的思想而獲得勝利。藉著順服與禱告，任何男人都能得著力量，使思想純正。可是服裝的型式卻能使此項奮鬥更加艱難。

耶穌很清楚地說明了男人容易被引入錯誤的思想。祂說：「你們聽見有話說：『不可姦淫。』只是我告訴你們，凡看見婦女就動淫念的，這人心裡已經與她犯姦淫了。」（太5:27-28）

對婦女們如此穿著來刺激別人，引起人無限的遐想，又

怎樣呢？在上帝面前她們也同樣有罪。因為這個原因，真正基督徒女士們，瞭解到所能引起的結果，就絕不會穿暴露的衣服，去激發人不正經的慾望。服裝短過膝蓋，罪惡的氣氛就形成了。至於世俗的男人，他們生命裡缺乏福音的能力，就難以敵擋這種試探。每一件迷你裙都是催化低賤性慾的燃料。基督徒女士們不應該參與這種誘惑。

這樣就實在是犯了第二條最大的誡命。基督說：「要愛鄰舍如同自己」。婦女如何能為了穿著的衣服，使鄰舍的丈夫犯姦淫而未違犯愛的律法呢？如果她故意如此，使她的鄰舍犯罪而得罪他的妻子與上帝，這能算愛他的鄰舍嗎？

我們在這裡討論用行動使別人犯罪，直接關係到道德觀念。我們受勸告要關閉每一扇試探之門：

「我們的榜樣與影響必須成為改革方面的力量。我們必須斷絕任何遲鈍良心的影響或促進試探的行為。我們決不可開放任何門戶，讓撒但進入那依上帝形像所造的人之思想。」（「教會證言」卷五原文360面）

因為女性對裸體的反應異於男性，婦女們縮小了我們在這裡討論的屬靈問題。她們的態度常認為男人必須更有自我控制力，以控制他們的心思。她們完全沒有把握到，上帝親自賜給男人不同的天性，此天性不是人的努力或決心所能改變的，但能靠基督的應許予以控制。不過基督徒女士們也必須合作，關閉心靈的試探之路。

「我們唯一的安全是時時刻刻受上帝恩典的掩護。並且

不可閉起我們屬靈的眼睛，稱罪為義，稱義為罪。不可猶豫或狡辯。我們必須關閉及守衛心靈的通道，敵擋罪惡。我們要付出努力的代價，以獲得永生。惟有經久與不變的努力，嚴格鍛鍊，並堅決的爭戰，才能成為得勝者。」（「教會證言」卷三原文324面）

如果我們回憶撒但過去所作的典型作為，或許可以更加瞭解他在現今的行事方式。哥林多前書第十章將古代以色列人的經驗寫下來，作為我們的鑑戒。他們離開埃及，跋涉越過曠野，進入應許之地。過去上帝的子民，與現今上帝的子民，有著直接的相似之處。

我們不能忽略撒但最後的生死鬥爭，不讓以色列人進入應許之地，而與巴力毗珥聯合的事。沒有道德的異邦摩押女子輕挑地湧入以色列人營中，使成千的以色列人陷入罪中。上帝描繪這情形說：「因為他們用詭計擾害你們，在毗珥的事上……，用這詭計.誘惑了你們。」(民25:18)

撒但設法不讓現今的以色列人，進入天上迦南地的方法豈不是明顯相同嗎？藉著無恥的裸露身體，引人放縱情慾之破釜沈舟的攻擊，破壞餘民教會道德的攻擊已經發動了。懲罰性的瘟疫掃過以色列人的營中時，使二萬四千人喪命。那二萬四千男人被婦女動人的美貌所挑逗而降服，失去了進入應許之地的特權。

多少千萬個現代上帝的子民，會被這情慾的翻版所引誘而毀滅呢？保羅在複習巴力毗珥悲慘的情況之後呼籲說：

「他們遭遇這些事，都要作為鑑戒；並且寫在經上，正是警戒我們這末世的人。所以，自己以為站得穩的，須要謹慎，免得跌倒。」（林前10:11,12）

沒有一個男女能誇口有極大的耐力，能抵禦這世代中散佈在各處的迷惑。現今上帝的子民，正如被侵入以色列營中的摩押美女所俘擄一般，也陷在眩目誘人的五彩電視中播放的裸女與肉慾的蠱惑裡。許多人以為自己站立得住。可悲的是，他們已經妥協卻不自知。

最近新流行的裸露時裝，也突破了許多教會的屬靈防線。只有永恆的歲月才可以顯示出，多少人的思想已經向色情投降了。我們懷疑，巴力毗珥事件中以色列人所受的道德攻擊，比得上今天的猛烈大膽。請注意迷你裙的發明者孔瑪莉對大眾誇口的話。這位服裝設計師宣稱，她的創造乃是為了下午的性行為更方便。在一次訪問中，有人問她，現代婦女希望成為甚麼樣的人？她的回答是：「一個性感的動物，她要毫無隱藏地顯露她的性感而不羞澀。今天她穿好服裝時，要說：『我滿有性感，我喜歡男人，我要享受人生。』之後，她又作了大膽的宣言：「迷你裙是女人要引誘男人的訊號。」

我們想到，古時以色列人墮入巴力毗珥巧妙的性陷阱中，實在無知與愚昧。可是許許多多基督復臨安息日會的女士，面對孔瑪莉的宣告，卻愉快地穿著迷你裙，又當如何辯解呢？

　　受撒但控制最先的證據是「脫去衣服」。路加福音第八章中就有證明。一個被鬼附的可憐人，被鐵鍊鎖在格拉森的墓地。聖經形容他是：「城裡一個被鬼附著的人迎面而來。這個人許久不穿衣服，……」（路8:27）之後當他從一群惡鬼中被拯救出來時，就描寫他說：「坐在耶穌腳前，穿著衣服，心裡明白過來。」（路8:35）顯然，他從撒但權勢之下釋放得自由後第一件事，就是自己重新穿好衣服。這清楚地指明，只有心理不正常的人，才不穿衣服到處跑。

　　我們是否能下結論說，現今裸露的人是受魔鬼的控制呢？精神病統計數字能否支持，極大多數人的心理為不正常呢？這些人為好萊塢的廣告、色情作者，罪惡的邪教及古怪的服裝設計師所利用。他們威脅要剝奪人類的一切端莊與尊嚴。他們邪惡的產品對人類的端莊發出了激烈的攻擊。

　　享有盛名的報紙專欄作家保羅哈維引證了短裙與犯罪統計的驚人巧合。聯邦調查局的罪案顯示，強姦的上升率幾乎與裙子邊緣縮短的比例相等。美國全國五十州執法人員也同意，對迷你裙是否招致性犯罪問題的反應為：百分之九十一的人士證實為確實。某大城市青少年組組長總括起來說：「一些性犯罪者是因為感官受到女孩子的短裝刺激起而攻擊。」

　　加拿大多倫多的報紙有篇文章提到，加拿大警察同意美國方面的報告說：「百分之九十一的加拿大警察認為，穿著暴露迷你裙的婦女。比端莊的姊妹們更容易成為性強暴

的受害者。」自從1962年迷你裙進入女性時裝市場以來，美國的強暴案增加了百分之六十八。英國增加了百分之九十。」多倫多道德風氣小組警官高橋志説：「迷你服裝無疑的是婦女受侵犯的一個重要因素。晚上，當一個穿迷你裙的女孩下電車被人跟蹤時，她受攻擊的誘因，就已毫無疑問的了。」

紐約市通梅斯監獄醫生呂慶斯坦十二年間照顧了十七萬名犯人。他説：「所謂感情罪增長之快實在驚人。我以為其根本原因沒有消失之前，還會繼續增加。我覺得現今服裝，説得保守一點，實在是不夠莊重。不莊重的服裝，不論穿著的人多麼無辜，對犯罪的引誘應負直接責任。」

從這些資料看來，至少應斷定，「男人無法控制衝動」。讓我強調説，各人的決定要對上帝負責。每個人都負有判斷力與自由選擇的責任。對違背上帝律法，毫無藉口。

最後，我們站立或跌倒，並不因為試探力量的強弱。而是看我們是否立志順從真理，或拒絕真理的行為。我們的思想若不願接受上帝的保護，則那誘惑人的服裝將獲得勝利。

第三章

雙重標準

如果未觸及棘手的男女混泳問題，對服裝莊重的問題討論，還不能算為完整。比起男女混泳問題，迷你裙幾乎可以說是莊重多了。在這裡，我們也發現了復臨信徒服飾標準中的盲點。因為某種奇怪的理由，對我們青年人能清楚感到矛盾的主題上，卻很少有言論與文字論及。我們在迷你裙方面僅採取軟弱，及守則小冊的標準。但對男女混泳，竟完全沒有正式標準。甚至教會中大多數傳道人與信徒們，也沒有發表非正式的，與教會歷史相一致的原則。

雖然游泳是個非常良好的康樂活動，但現今的泳裝所遮蓋的身體，比最吝嗇的迷你裙還要少。老實說，已經少到沒有留下任何不想入非非的餘地了。如果我們定迷你裙的罪，如果我們讚許任何莊重的服裝原則，不論其是多麼模糊不清，我們又如何能放寬思想，寬恕泳裝為基督徒所能接受的服裝呢？實在無人能如此盲目地忽視這種情況。我們的青年人並非瞎子，這正是我們教導他們時未加重視的一件事。他們已經看出，教會所實施的乃是雙重標準。

　　本會學校中，與有關服裝莊重的手冊中，經常包括認定低領、露肩、無袖等項目為不當。但實際上，本會所有的學校，在每個學年，學生與教員郊遊，到水邊整日一起遊玩時所穿的衣服，比在街上招攬客人的妓女所穿的衣服還少。事實上，若是這些教員與學生穿著泳衣到小鎮上去，大部分商店，會不准他們進去。即使在無信仰的地區，也會受羞辱。甚至可能冒著因不莊重暴露身體的罪名被捕的危險。然而我們居然盲目地接受，在男女混泳的場合中基督復臨安息日會的信徒可以穿著此種服裝。其實，平常在世俗的地方，人都稱之為不莊重；但換了地方，教會反稱之為莊重。這是否合理？其實，這與地方毫無關係，而是原則問題。這個原則是：不可在道路、海灘，及購物中心暴露身體。

　　你若希望找到這減低我們標準，與環繞我們的世界裡暗中蔓延的妥協程度的驚人例子，可在七、八月去到公共海灘作一調查。數以千計的基督復臨安息日會信徒夾雜在群眾之間。同時，你無法辨識穿梭在這些度假地區穿著半裸的無神論者、娼妓與小偷。看上去人人相同。

　　在海邊這塊地，就能使我們不知廉恥脫掉衣服嗎？我們是否相信莊重只適用於某些時間與地點呢？男人是否要響應女人，在海灘及游泳池也脫下衣衫呢？

　　我發現許多本會的信徒也曾向自己發出過同樣的問題。只不過因為其他的人對這些行為不生疑問，他們也就因此默默地隨從大眾了。一般人的感覺對此似乎是反因為果，

因為他們就此獲得健身運動與快樂時光。其他的人則藉口說，大家穿衣的情形都一樣呀！所以，也沒有人因此大驚小怪了。同時大家互相看見的，都是半裸，所以也就習慣了。這些理由既不正確，又十分淺薄。如果是正確的，那麼我們可以大大方方地去參加天體營了。

我反對男女混泳的堅決信念，乃是我親眼目睹實際情形而產生的結果。在佛羅里達州作實習傳道士時，我被指派到海邊一個城市擔任青年游泳伴護人。當我看見男女青年穿泳衣混在一起，禁例降低時，使我大吃一驚。在水中與池邊遊戲時，身體自由接觸。那天看見一件事情使我永不忘懷。這件事使我震驚，開始採取反對混泳的立場。其中一位女伴護人爬上了也來幫助領導的男士的肩上。她是教會中的一位屬靈領袖，而他是教會執事。她在安息日早上的莊重，一向是他人的典範。如果有風吹起她的裙子，使膝蓋露出時，她會覺得尷尬。然而，我驚奇地看見，她竟騎在一個不是她丈夫的男人肩上，在池中四處來往，穿著窄小的泳衣尖聲大笑。她對她所作所行絲毫未感覺有任何不妥之處。

從那時開始，我就決定，男女混泳既然產生如此結果，就採取了此舉為不正當的立場。從那一天起，三十年來，我看見的，沒有甚麼可以改變我對此罪惡的主張。

幾月之前，我被邀請在一帳棚聚會中講解莊重原則。我在大禮堂中講了兩小時。散會後，五個青年等著要與我談話，三個女孩，兩個男孩，大學生的年齡。他們對我講的感到十分困擾。一個美麗的女孩似乎是全體的代言人，十分激動。

她說：「你怎樣可以說男女混合游泳不對呢？我們整個夏天與見證隊在海洋城的海灘上，大部分時間穿著泳裝，在木板架成的走道上和其他青年們一起研究聖經。這是我們在那裡遇見的湯姆，下個安息日就要受浸了。我們在海灘上為基督贏得了他。你怎麼可以說我們不對呢？」

我表達了對這個青年決心受浸的喜悅，並且稱讚他們引導他歸主。然後，我問湯姆一個問題：「湯姆，你與這些女孩們在沙灘上交往之時，有沒有因為她們的穿著，心中出現過罪惡與衝動的思想？湯姆低下頭來好一會兒，然後回答說：「有，當然有。」這時女孩們齊聲表示驚訝。「那時候你為甚麼不告訴我們？」其中一個問他說。她們似乎真正訝異那些男孩沒有在海灘告訴她們說，穿游泳衣是誘惑人的。

那些青年女孩們在那天離開時比以前要聰明些了。但是你想她們會在男女混合游泳時放棄她們現在的服裝嗎？我發現，大多數情形下，女孩們即使知道她們的服裝影響力如此之壞，也不肯改變她們服裝的樣式。服裝女神是個暴君。很少有人有足夠決心放棄他們喜愛的嗜好，特別是服裝，必須依照她們的身材縫製。

謝樂軒特寫給一對青年愛人說：

要避免男女混泳。游泳本身是個完美的康樂活動。但是當男女在一起游泳時，會讓人注意到男女生理特點。任何正常的人都會作如此想。男女混合游泳的影響，會使基督徒認為神聖的是無關重要的了。男女混泳能降低個人的禮

貌標準，使肉體的親密顯得不再令人反對了。

一九七一年三月出版的「傳道」雜誌，刊出了一封寫給編輯的信，值得廣為宣傳。寫信的人是「生活與健康」雜誌的編輯華雷牧師。

1970年正月份的「使命」中，我們的一位傳道士寫了一篇有關端莊的文章。他指出，我們對迷你裙的指責，似乎沒有關聯到我們完全缺乏對男女混合游泳的顧慮。他，以及其他編輯們詢問他人對此事的意見，但得到的，卻是意外的沉默。

我們直覺地知道，男女混泳並不合適，但是又在教會中廣泛實行，這是否顯明，似乎最好還是漠視這種情況呢？如果是這樣，那乃是「掩耳盜鈴」的舉動。無論任何不適當的事是何等廣泛，在審判時，我們個人仍然要向上帝交帳。

可能有人確實堅信其不適當，但因為政治性的方便而不表達出來。有一次，我聽到一位區會會長懲處了某位牧師，因為他「稍嫌狂熱，不主張男女混泳。」

我們譴責穿短褲、露背、低肩與迷你裙，認為這些人是「半裸體」。但如果那人觀賞著泳裝之人的四分之三裸體時，卻認為無不妥當之處。明顯地，如果我們極其想做某件事時，端莊的規矩就可暫時取消。

有一區會在帳棚聚會時實施下列規定：「游泳者進出泳

池時必須戴游泳帽，並穿著合式端莊的衣服。外出服或泳袍，乃為必須。」請利用時間思考一下。無可避免地，從這項規定可以推斷出，一旦進入泳池之後，就可穿著泳衣，與不莊重的衣裳了⋯⋯。

有人曾詢問，懷愛倫有沒有對男女混泳發表過言論。依據懷氏著作託管委員會的回答是，沒有這方面的訓言。明顯地，比基尼和布料極少的泳裝，在1800年代中葉維多利亞時期中還未構成問題。

我寫信給懷氏著作託管委員會，要求有關這個主題的資料時，他們寄給我一封信的副本。那是別人提出同樣要求的答覆。

委員會的秘書在1955年12月8日的回信說：

台端來信詢及有關男女混泳問題，在現階段情形下，實在極難應付。不幸懷愛倫著作中，並無隻字片語直接論及此主題。結論是，無法依據任何特別訓言，但仍可遵照聖經及豫言之靈已陳明之原則。當然，在其他許多我們必須經常作決定的主題上亦然。台端既詢及此事之鄙見，我願提供對此事作結論時所牽涉的一些原則。

我在教學的歲月中曾與數百位青年交往。如台端一樣，我也曾發現，有時十分困難維持某些標準與行為。在壓力之下，較易依從某一行動。可是此行動是否正確，卻不清楚。至今我們所知的情形是，本會有泳池設備的大學，男

女游泳時間不同。我覺得此項辦法為一健全作法。

台端可能有興趣知道，家庭佈道協會秋季會議中，已重申立場，不主張男女混泳。但此議決案並不一定包括所有教會的一切情況。此議案已傳達到教會，家庭佈道，學校，與帳棚聚會。關心此種情形的人認為，此項觀念，有重申的必要。他們發現，不遵照此項原則的結果，十分不幸。

台端所云本會青年在男女混泳時看見任何事都不再感驚奇。我相信，對大多數青年人，確是如此。我的一個重大問題是：身為教會領袖的我們，是否應該支持與促進此種不再驚奇的趨勢。我們必須承認，讓青年人一再暴露在這種使良心遲鈍的影響力之下，會使青年人落入今日我們所見的地步。盡我們能力避免這些影響力，是不是我們的責任？或是現今已比過去有更多理由讓男女混合游泳。青年們已有了更多自由交際，幾乎毫無禁忌；而這正顯明，有加倍的理由，不該給予青年更多自由。

至於有人辯解說，不莊重的游泳衣，人看慣了，也就覺得無所謂了；但我以為，這種說法十分荒謬。聖經的教訓是，不論其他的人穿甚麼，基督徒的衣裝應該端莊得體。無論多少人的良知已經變遲鈍了，原則是不能改變的。需要鬼才發明出辯護的理論，才能說泳衣是端莊得體的衣服。男男女女穿著幾近裸體的摩登泳裝近身交際時，雖然許多人不願承認，但實在是個非比尋常的試探之源。人只

要看一看女人的泳裝廣告，就可以知道製造商的目標是要男人注意力集中在女人的身材。教會鼓勵這一類的交際，實非拯救生靈之道。

許多青少年，特別是十多歲的少年人，的確覺得我們對此事的處理方式，不合實際。這種態度，並非新近才有。我歷年來的接觸使我得到特殊印象：每一代青年都以為年長者都已無望地不合乎時代。身為基督徒的父母及領袖們，上帝已將教導青年的責任交在我們手中。教導方式，他們在現階段可能不完全同意。但時候到了，他們就會明白，我們的方式是正確的。許多青年後來感謝我起初對他們的約束。

台端提到一些對游泳活動有興趣，而對教會其他社交活動不支持的人。即使台端發起教會主持的游泳活動，但他們除了游泳之外，仍不支持其他活動。即使台端向他們的主張妥協，他們也不會立即對其他活動感興趣。

好像我，正如青年們所說，是個「可笑而不切實際」的人。但我可以向你保證並非如此。正因為我與青年經常相處在一起的經驗，我知道，如果向他們不聰明的衝動妥協，其後果將如何。現今我們應該將促進正確思想與行為的動機放在青年們面前，而男女混泳卻不含有這樣的動機。

在所有運動中，游泳是最優良的一種。若在適當的環境，行之適當，確實是十分合乎基督徒的健身運動。如為

要獲得身體的益處，可以在適當地點男女青年分開舉行。我因無法找到康樂活動適當地點而失去許多游泳機會。我也知道，許多其他人也有同感。青年們應瞭解，為了未來的益處，必須學習以適當的態度去面對現階段失去的樂趣。

我對台端的難題深表同情。這是我們學校中多年的問題。我曾數十年嘗試解決它，覺得應由家庭解決。如果有獻身的父母願意他們的兒女以家庭為主，或幾個家庭一起舉行，我也不會責怪他們。但如果教會主持這種活動，則又另當別論了。

第四章
男女通用

現在討論任何服裝問題而對男女通用的服裝不加考慮則不算完備的討論。我們的時代中有個蓬勃發展的現象，就是在裝飾與理髮美容上，男女相似。供應男女完全相同的服裝、髮型的商店與招牌，出現於全國各地。此種發展有何重要性呢？它對人的靈性有任何危險嗎？

首先，我們應該注意，近年來同性戀個案正以天文數字出現。美國全國報章雜誌上充滿了關乎同性戀運動的報導，驕傲地講述他們從隱密處走出來，要求他們的權利。同性戀者遊行示威，吸引大批觀眾，並打出了廣大的知名度。電視論壇也與男同性戀者及女同性戀者在千萬觀眾面前公開討論。

精神病學方面也正式肯定此種行為。廣大的改正教教會組織不但為之開放門戶，接納他們為教友，並且按立自認是同性戀者為牧師。教會特別為同性戀者設立崇拜聚會，並為同樣性別的兩個人舉行婚禮，給予合法的註冊登記。

許多文章論及這十分古老的反常行為驚人的升高原因，

但極少似乎能真正瞭解使其如此突然東山再起的原由。但我相信，它與一些與之相並行的社會發展公開鼓勵同性戀的運動，有著必然的因果關係。歷史中同樣的情形產生過同樣的結果。

所有聖經學者們都知道，新舊約聖經中，都含有對雞姦的強烈譴責。上帝稱之為最可憎惡的行為。此項罪惡，會使人完全敗壞。古代異教世界中充滿了這項罪惡。保羅在羅馬書一章二十六，二十七節論到這事說：「因此，神任憑他們放縱可羞恥的情慾。他們的女人把順性的用處變為逆性的用處；男人也是如此，棄了女人順性的用處，慾火攻心，彼此貪戀，男和男行可羞恥的事，就在自己身上受這妄為當得的報應。」保羅又在三十二節論到邪惡的思想時說：「神判定行這樣事的人是當死的，」

迦南地是以色列人要進去的地方。那裡充滿了邪惡的男同性戀與女同性戀。上帝清楚地指示他們，不可與當地居民通婚和交往；要避免一切污染他們的接觸，免得與他們同流合污。他們更接受特別的指示，不可穿戴能製造氣氛促進罪行的服裝。「婦女不可穿戴男子所穿戴的，男子也不可穿婦女的衣服，因為這樣行都是耶和華——你上帝所憎惡的。」（申 22:5）

因為同性戀乃是性別角色的更換，包括服裝舉止變成異性的樣式。上帝警告祂的子民，不可為這種行為打開試探的門戶。男女服裝之間，要維持清楚的界限。新約聖經對這項外表的區別也曾再度強調。保羅說：「你們的本性不

也指示你們，男人若有長頭髮，便是他的羞辱嗎？但女人有長頭髮，乃是她的榮耀。」（林前 11:14，15）

現在我們已經準備好，可以來觀察一些現今的社會現象，並可解釋為甚麼看見同性戀情形驚人的升高。若上帝看見性別的混亂會造成問題，我們就必須承認，現今的問題麻煩大了。我們看出，如今作用的，有三個因素，是歷史中從未同時發生過的。個別來看，這三件事，影響都不太大，但是當這三個因素聯合起來時，其可怕程度就不堪設想。這三個現階段情況是：

一、婦女解放運動。它所宣稱的宗旨是，在社交、經濟，及宗教上，男女的角色可以互換。
二、褲裝革命使大多數婦女放棄傳統的婦女服裝。
三、男人穿花邊衣服，與婦女髮型，加上舉止也女性化。

這些行為結合起來形成的環境，造成數以千計的邊緣同性戀者越過了界線，成為性變態。他們之中許多人，只需要這三種受人歡迎的運動帶來的心理迷惑稍稍推動，就出軌了。

紐約市立大學魏力克博士是社會學的權威領袖。他感到現今所流行男女可以互相交換的服裝，將引領我們進入最後的災難。他那挑戰性的書「新人民」中，講到這男女通用的「單性」(unisex)，正以好些方式，使美國人「去性」(desexualizing)。他相信，即使三十歲以上的人，也嚴重的受到環境變遷的影響，而完全不知其是如何發生的。

聖經作者與社會學家都注意到男女通用的服裝，乃是混

亂的肇因。我們個人對這增長的風氣又該如何呢？身為餘民教會的一員，我們對此事並非沒有指導方針。懷愛倫以下面的訓言指出聖經的立場：

「我蒙指示關於申命記二十二章第五節：『婦女不可穿戴男子所穿戴的，男子也不可穿婦女的衣服，因為這樣行都是耶和華你上帝所憎惡的。』已有趨勢，婦女們在她們的衣服與外表上盡可能與男性的近似。使她們的衣裝時尚非常像是男裝。但上帝說是可憎惡的。」（「教會證言」原文457面）

請注意，她稱婦女使她們的服裝樣式與男裝相似為可憎惡的。因此，我們的主題不再是服裝實際上是不是異性的。可能它們的設計只為一個性別，但其樣式，卻像異性的服裝。其影響是，可能將雙性行為者，與邊緣同性戀者推過界線至根深蒂固的地步。

第五章
色彩豔麗的化粧與珠寶

　　一般人反對宗教最常提出不正確的控訴是宗教的限制太多。而在現今這追求放縱的時代，一切強調似乎都在「任憑己意去行」，如此就發展出任性的不合理態度。這種態度甚至入侵了宗教界。信徒與非信徒都被要求同一件事：宗教不應干擾個人的權利與自由。只要有任何教義要求「放棄」任何事物，就會立即引起疑心。

　　自由精神增強之際，許多信徒對教會的屬靈性高標準就越吹毛求疵。他們顯然因為教會與世界的距離增大而感窘困，再加上不願在社交中成為「古怪」的少數份子，這些信徒們就在基督徒標準上尋求妥協的藉口。他們常狡辯說，教會太狹窄，律法主義，以致許多優秀人士，受到這些「沉重專制規則」的妨礙而不加入教會。

　　如果這些控訴確實，那麼教會的教義就實在需要作根本上的修改。如果這些控訴並不確實，那麼，我們就極需知道，如何表達符合真正聖經背景之真正基督徒的行為標準。換句話說，我們必須確切證實這些規則完全出於上

帝，而非出於教會。我們也必須找出，這些規律是專制的禁止，還是上帝的慈愛為了我們的幸福而定的規則。

與普遍所流行反對個人行為的一切絕對規律相反，我們必須考慮聖經所教導的基督徒生活原則，尤其是在道德方面。現代個人自由的各種要求，能與上帝的標準相容到何種程度？若是聖經的真實立場可自天庭而來的天使，以完全的愛與說服力表達出來，真理是否能使人更容易接受呢？

讓我們面對現實。領至永生的道路，並非是一條溫和、舒暢，如花似錦的道路。耶穌曾在聖經中多次強調的，我們不可盲目忽視。祂說：「引到永生，那門是窄的，路是小的，找著的人也少。」(太7:14)成為基督徒先決的條件之一是捨己。基督說：「若有人要跟從我，就當捨己，天天背起他的十字架來跟從我。」(路9:23)成為基督徒包括完全的降服。我們主所講買賣人尋找珠子的比喻，顯示我們必需付出我們的一切所有，以獲得無比的永生賞賜。如果我們讓一個人或一件事物阻擋我們服從基督的旨意，我們就不能得救。

我們是不是因為將應付出作門徒的代價打了折扣，使人不覺得路太窄與限制太多而有罪？耶穌說：「你們無論甚麼人，若不撇下一切所有的，就不能作我的門徒。」(路加福音14:33)耶穌曾告訴那位富有的青年官說，他要進天國還少了一件，但那一件他卻不願意去行，為要得救，他必需付出他的財富，但他卻不願意付出一切。他愛物質勝於愛主，就憂憂愁愁離開而喪失永生。在這一點，基督的立場十分堅定。祂甚至說：「愛父母過於愛我的，不配作我的門徒；愛

兒女過於愛我的，不配作我的門徒。」(馬太福音10:37)

我相信現在我們應該追求用一些最慈愛、最機智與最有愛心的方式，對人講述基督的要求。同時我也相信，如果人對主耶穌沒有愛，無論如何表達都沒有多大差別。其過失不在信息，部分過失在乎宣道者宣講的方式，但大部分的問題是，發怨言的基督徒覺得要求他們某種程度的克己而抗拒真理。

讓我說明，個人的感情與態度，能使世人發生巨大改變。除了對基督屬靈的承諾之外，婚姻是這世界裡，人自願的自我限制經驗。男人自願放棄從前種種依戀與行為，放棄與其他女子約會的自由，莊重的將他的餘生與惟此一位連結在一起。新娘也立下同樣限制性諾言，同樣地放棄一切，獻身於她那位身旁的男人。結婚誓言無疑是人一生中最狹窄與堅定的承諾了。如果這種限制造成如此的苦惱，那麼對雙方而言，就應該是最苦惱，最不愉快的經驗了。可是事實並非如此。卻是他們最快樂的大事。為甚麼呢？為甚麼新娘站起來宣誓，託付終身於新郎時，滿面光輝呢？為甚麼一個男人應許他的餘生，限制自己的行動，會如此快樂呢？答案非常簡單，因為他們互相愛慕。他們互相對待對方的態度與感情，使他們愉快地接受限制。

你曾聽過新娘在結婚典禮之後一直抱怨嗎？沒有人苦澀地說：「我現在已無法再與小華或阿德約會了，這是不公平的。國家強迫我忠實於我的丈夫，結婚的限制實在太大。」不會，你不會聽到這些話。你也不會聽到新郎抱怨

他必須用他一部分收入，養活妻子。真的，法律要求他如此行，不然就要坐牢。但他甚至並沒有感覺到這法律的存在。新娘若犯姦淫，國家的法律要定她的罪，但她並不理會這法律。他們在情愛中，愛能改變一切。他們不是怕受罰而彼此忠貞。他們因為相愛，為要取悅對方而忠貞。

世間男女間最悲慘的事，是結婚之後不再彼此相愛。那實在可說人間地獄。他們惱怒抱怨加在他們身上的限制。同樣地，那最不快樂的基督徒，就是藉著洗禮與基督結合而不愛基督的人。他們對教會和牧師加在他們身上狹窄奇多的宗教信仰，抱怨不已。

但這是教會與牧師的錯嗎？可悲的是，那些人從來沒有進入那構成真正宗教基石的個人之愛的關係。他們很多人從聖經研究中獲得正確的道理，也擅長解釋末日來到之前事情發生的次序。但是他們沒有與耶穌基督有個人的接觸。在要道中，他們沒有學到，或者不願意接受內心宗教的真基礎。它不是一套規則，或是一系列的教義，而是個人與耶穌基督之間愛的關係。

無數基督徒的困難在於他們成為基督徒的動機。他們有的是一個防火梯的宗教。他們行某些事，乃是因為道路終點的火焰。他們戰戰兢兢地事奉主，因為他們想到要被拋到火湖而戰慄。莫怪他們拉長了臉而感到苦惱，這對真理是何等的曲解啊！基督徒應該是世上最快樂的人，比剛剛結婚離開教堂的新婚夫妻還要快樂！基督徒愛主應該比夫妻間的愛更多。

　　如果妻子因為怕她的丈夫要與她離婚，所以每天烹調丈夫最愛吃的飯菜，這樣的家庭會快樂嗎？在這樣的壓力下，世上的所有關係會崩潰。她這樣烹調，是因為她愛她的丈夫，為要使丈夫快樂。妻子的生日來到時，那有愛心的基督徒丈夫，就會從觀察與傾聽中，找尋妻子喜愛東西的線索。她通常不需要暗示丈夫，丈夫就會購買她喜歡的禮物給她。因為丈夫愛她，要讓她歡喜。同樣地，基督徒每天讀聖經，發現得主喜悅的方法。他不停地留心訊號與指示，以便得到他最愛的一位的喜悅。聖經以弗所書五章十節說：「總要察驗何為主所喜悅的事。」這是每一個基督徒何等美好的座右銘呀！它實在是每一忠心愛主之人的至高願望。難怪基督將十誡的第一塊石版上的律法簡括起來說：「你要盡心、盡性、盡意愛主你的上帝。這是誡命中的第一，且是最大的。」（太22:37-38）

　　基督徒煩惱抱怨律法過於嚴格的真正原因是，因為他們只有那使他們苦惱的宗教。他們的基督徒經驗是，不斷掙扎，使生活合乎律法──為遵守律法而努力。當然，順從上帝的誡命，一如丈夫遵守國家的法律贍養妻子，並沒有甚麼不對，但是，只為了律法的要求而遵守，這樣的基督徒與丈夫，就大錯而特錯了。愛能除去律法的重擔，而負擔與壓力會化為喜樂。

　　一位三位男孩的母親，在要求孩子們遵守整齊清潔的規律時遭遇困難。像大多數小男孩一樣，他們不願意照規矩洗耳朵、梳頭髮和擦鞋。這場戰爭，只在使用權威的手

腕，與勉強的情形下，才能得勝。可是有一天，十四歲的老大從他的臥房出來時，整齊得像是個無瑕疵的模特兒。每根頭髮伏貼整齊。筆挺褲子下面的那雙鞋，光亮耀眼。母親看見幾乎暈了過去，無法形容她的驚訝與欣喜。她聰明地等待，觀察如此改變的原因，謎底不久就解開了。第二天，母親知道了街道的另一端新搬來一戶人家，家裡有個女孩。可能女孩還沒有與阿強見過面，但他卻已經看見她，並且印象深刻。我們不必說，愛使他對整潔的觀念改變了。但毫無疑問，那決不是因為害怕母親的懲罰。

要點是，基督徒的生活並非只是「可以」與「不可以」編織而成的。毫無疑問地，在此屬靈的婚姻之中，正如平常的婚姻一樣，是有限制的。但是這些限制是以愛編織，常常是為了取悅被愛的對方而定的。愛基督的基督徒充滿活力，喜歡作見證，如此方是真正的快樂。不幸地，許多教友本來應多享受喜樂，但卻經常在苦惱之中。他們苦惱，抱怨，因為不能吃他們愛吃的，穿他們愛穿的。他們責備教會強迫他們「放棄」那麼多的東西。他們的宗教好像人患了頭痛，他不願把頭割去，但留下頭又十分痛苦。他們不愉快的態度，似乎說明了他們的宗教乃是一些憂鬱的傳道士訂定，而使男女青年都不快樂的產品。

但這是不是真的呢？那構成要道的屬靈原則，我們稱之為基督徒標準的又如何呢？不能去戲院是否教會強迫性的教規呢？跳舞對基督徒不適合是上帝的決定？還是人的決定？至於使用五顏六色的化粧品及珠寶，是上帝所喜悅的還是不

喜悅的呢？真理是，我們信仰的每個要點，都應該完全根據
上帝在聖經所啟示的原則。愛上帝常會引起下面的問題：我
如何才能在凡事上都追求明白甚麼是主所最喜悅的。

在聖經中可以找到好些經文，清楚地指出如何不取悅自
己，但要得主的喜悅。這是一個關乎所有行動與作為的實
際問題。上帝的想法如何？這與這個牧師和那個牧師的看
法，或者這個教會或那個教會的信仰無關。那最大的，全
部問題的重點是：這是否能得主的喜悅，或不是主所喜悅
的。如果我們找到經文表明上帝不准，對真正基督徒而
言，就沒有再辯論的必要了。我們太愛祂，而不願冒險使
祂不喜悅。我們的喜樂在乎發現如何行，與實際去行，去
獲得我們所愛的那一位神的歡心，並在我們生活中除去那
些祂所不喜悅的東西。

在戀愛中的人，不必互相威脅或發出最後通牒。他們只
是不斷地設法表現他們的愛，互相取悅對方。同樣地，遵
守基督的偉大誡命，不會覺得順從是負擔。上帝正在尋找
那些對祂旨意最小教導有靈敏感覺的人。上帝對那些經常
為害怕懲罰所驅使，而到聖言中尋找的人說：「我要教導
你，指示你當行的路；我要定睛在你身上勸戒你。你不可
像那無知的騾馬，必用嚼環轡頭勒住牠；不然，就不能馴
服。」（詩32:8-9）

許多基督徒是「嚼環轡頭」的信徒。他們只對威嚇有反
應。服從是因為害怕處罰。上帝說：「我要你因我只看你
一眼就悔改。」只有愛祂為至高的人，留意祂喜悅表情的

人，才能知道那要他改過之愛的一瞥。唯一查考聖經的目的——發現取悅上帝之道——祂稍微顯露祂的旨意時，他們就立刻順從。這是真基督教的要點，因為愛使生活的每一階段與主的啟示相和諧。

以一些如何使愛成為奠定基督徒標準的動機為背景，現在我們準備說明實踐中的行動原則。雖然教會任何行動的標準都可以用為例證，但我們選擇一個常引起抱怨的題目：多姿多彩的化粧與珠寶。許多忠心的信徒已經放棄了人工裝飾品，「因為教會這麼說」，但在基督徒生活中，這是個很差的理由。希望閱讀本書，可以為你解釋，個人的堅定信仰，乃是基於愛主與願意取悅於主，而非因為教會強制性的規則。

牧師一再面對同一問題：「我的小小結婚戒指有甚麼不對？你想上帝因為我這一點點裝飾品就不讓我進天國嗎？」我自己的心常常為這消極性對基督教的觀念，感到苦惱和憂愁。請注意這問題的含義。顯然，發問的人想要知道，甚麼地方可以馬虎過去而仍舊能進入天國。他的態度反映出律法主義的願望，只遵守那些上帝所立定「若不遵行就會——」的命令。

這樣的實踐是錯、錯、錯了。真正的基督徒不會問：「我要行出多少才能繼續成為上帝的子民？」而應該問：「我應該行出多少，才能使我愛的耶穌喜悅？」這才是基於尋求上帝旨意正確的實踐問題。盡心盡意的愛祂，歡喜快樂地順從聖經中所啟示的祂的旨意。一旦接受了這個敞開心靈的愛為

前提，剩下當作的只是到經文中尋求有關使用多彩的化粧品及裝飾品的上帝的旨意。現在我們就開始進行。

創世記35章1-4節裡，上帝告訴雅各帶著眷屬到伯特利去。在那裡為上帝築一座壇。那地對雅各來說，是個十分神聖的地方。他在那裡夢見通天的梯子而悔改。但在他們尚未到達那神聖地點獻祭之前，雅各告訴他的家人說：「除掉你中間的外邦神。」（2節）無疑地，家人在停留的地方染上了一些異教的習慣，在他們到達祭壇之前必須丟棄那些東西，因為那是異教的東西。請注意第四節講到那些東西是甚麼：「他們就把外邦人的神像和他們耳朵上的環子交給雅各；雅各都藏在示劍那裡的橡樹底下。」士師記8：24節使我們可以確定，耳環是以實瑪利人戴的。其前後文強烈暗示，戴裝飾品，乃是背叛真神上帝的表號。創世記34章顯明，雅各的兒子們犯了極嚴重的罪。那是良心思索與悔改的時候。每一件事都要改正才能打開上帝賜福的門。丟棄異教的神像，不配戴其裝飾品，如耳環等。

在同樣情況下，出埃及記三十三章一至六節也記載了這種改革運動。前一章中記載，當摩西在山上領受十誡時，發生了可怕的叛逆行為。以色列人拜金牛犢，以致帶來了瘟疫和毀滅，威脅了民族的生存。摩西呼籲他們悔改時說了下面的話：「今天你們要自潔，歸耶和華為聖，……使耶和華賜福與你們。」（出32:29）

緊接著下一章，摩西進入會幕為上帝的子民求告上帝，而他們仍在放縱與敬拜異教之罪的陷阱之中。上帝為重建

以色列民族的指示中，包括改換服飾，正如雅各和他的眷屬一樣。『上帝說：「你們是硬著頸項的百姓，我若一霎時臨到你們中間，必滅絕你們。現在你們要把身上的妝飾摘下來，使我可以知道怎樣待你們。」以色列人從住何烈山以後，就把身上的妝飾摘得乾淨。』（出33:5-6）

有關上帝看待裝飾品的態度，我們已毫無疑問了。不改變的上帝，叫他們除去他們身上導致懲罰的東西。為他們叛道的處分，更加應該注意的是，訂定這項禁令與他們進入應許之地相關聯。上帝說：「亞倫對他們說：「你們去摘下你們妻子、兒女耳上的金環，拿來給我。」百姓就都摘下他們耳上的金環，拿來給亞倫。（出32:2-3）這很重要。他們能夠進入應許之地前要摘下裝飾品。這對我們有甚麼意義呢？保羅在哥林多前書十章十一節向我們清楚地說：「他們遭遇這些事都要作為鑑戒，並且寫在經上，正是警戒我們這末世的人。」他在第二節將他們渡紅海的經驗與洗禮連結起來。在第七與第八節中，他論到出埃及記三十二章中以色列人大背道，鑄造金牛犢的事。然後，立刻在十一節解釋那些他們所遭遇的事，乃是為了「警戒我們」。這就是說，上帝對他們叛道的處置，也是要給我們一些教訓。祂命令他們在進入迦南地之前除去裝飾品，在我們進入天上迦南地之前，這命令也應用在我們身上。聖經前後經文並行的意義，是非常明顯的。

有關豔麗的化粧，最早的紀錄記載在王下9：30節。英文有句俗話說：「擦粉擦得像耶洗別」。其根據就在這裡，

意思可從這節經文看出：「耶戶到了耶斯列；耶洗別聽見就擦粉、梳頭，從窗戶裡往外觀看。」這位聲名狼藉的異教皇后的歷史，和她殺死了幾百位上帝的先知，是聖經學者們十分熟悉的。追蹤聖經中這項生活習慣，起源於耶洗別，誠然，就在這種行為上，投下了不聖潔的陰影。稍後，我們會在整本聖經中看出，豔麗的化粧，乃是異教婦女的一貫標記。

透過以賽亞先知，上帝發出了聖經中最為嚴厲的指責。我們無法在聖經中找到更直接、更明白的，上帝所啟示祂對戴裝飾品的感覺了。以賽亞書三章十六節中，上帝並沒有概括提出裝飾品，卻列出了一長串飾品的名單說是「錫安的女子」所配戴的。現在讓我們注意，這位過去、將來以及現在永不改變的上帝，對配戴這些飾品是否喜悅：「耶和華又說：因為錫安的女子狂傲，行走挺項，賣弄眼目，俏步徐行，腳下玎璫，所以，主必使錫安的女子頭長禿瘡；耶和華又使他們赤露下體。到那日，主必除掉他們華美的腳釧、髮網、月牙圈、耳環、手鐲、蒙臉的帕子、華冠、足鍊、華帶、香盒、符囊、戒指、鼻環……」（賽3:16-:21）

誦讀這段經文之時，我們暫時停下來發個問題。上帝如何除掉這些東西呢？下一章第四節我們讀到：「主以公義的靈和焚燒的靈，將錫安女子的污穢洗去。」請不要忽略上帝論到這些裝飾品為「污穢」。祂更進一步十分生動地描寫那些除去裝飾品之後的人說：「到那日，耶和華發生的苗必華美尊榮，地的出產必為以色列逃脫的人顯為榮華茂盛……。那

時，剩在錫安、留在耶路撒冷的，就是一切住耶路撒冷、在生命冊上記名的，必稱為聖。」（賽4：2-4節）

先知大筆一揮，啟示了上帝對配戴裝飾品所表現的驕傲而有的厭惡。在洗去那些人工的虛華事物以後，上帝描繪那些婦女為「華美」，「為聖」以及「榮華」。祂明顯地不稱讚那些我們以為華美的。婦女們佩戴了珠寶美化她們，但上帝說是「污穢」。當這一切洗除之後，祂卻說是華美與榮華的。請不忽視這特別重要的真理。上帝也用華美描繪祂的新婦——教會。

為了強調婦女表現的這種驕傲，上帝說了下面的話：「她們的面色證明自己的不正；他們述說自己的罪惡，並不隱瞞，好像所多瑪一樣。他們有禍了！因為作惡自害。」（賽3:9）毫無疑問地，外表的修飾是惡的。她們粉飾的面孔之虛榮的程度，使上帝以婦女的化粧，當作一項無恥的例子。

畢竟，我們為甚麼為這個主題查考聖經呢？我們不是要找出最好方法使上帝喜悅嗎？我們並非設法避免取悅祂。我們唯一的目標是：尋找與奉行祂的旨意。我們愛祂之深，不願冒使祂不喜悅的危險。這就是為何真正基督徒不編造理由說那些種類的戒指或耳環可以戴，或者找一些違背上帝旨意的藉口。他們取下戒指與耳環。顯然如果某種有特別表徵意義的戒指，可以馬虎過去，其他一切有表徵意義的戒指，不是也都可以馬虎了嗎？在任何情形中我們都無法找到聖經中有佩帶結婚戒指的先例。結婚戒指的歷

史沾染太陽崇拜的異教和天主教的迷信，不能得主喜悅。此一偉大事實比任何辯論都更佔優勢。屬世的基督徒會辯論說，沒有清楚的證據說，戴了戒指就不能得救。但愛上帝的基督徒可以回答說，我們知道這會使我們至愛的一位，我們的朋友——上帝不悅，就已夠了。

先知耶利米，像其他許多舊約作者一樣，對佩帶人工飾物，加上更多勉言。上帝感動這些聖潔的人，以預言方式，稱教會為婦人。當上帝的子民信心後退之時，先知們在預言中形容他們為妓女，或不忠實的妻子。我們讀到下面的經文：「你淒涼的時候要怎樣行呢？你雖穿上朱紅衣服，佩戴黃金裝飾，用顏料修飾眼目，這樣標緻是枉然的！戀愛你的藐視你，並且尋索你的性命。」（耶4:30）

以西結藉著將上帝變節的子民猶大與以色列比為兩個妓女何荷拉與阿荷利巴，形容她們說。她們大膽的裝飾，正與她們淫蕩的行為相合：「況且你們二婦打發使者去請遠方人。使者到他們那裡，他們就來了。你們為他們沐浴己身，粉飾眼目，佩戴妝飾。」（結23:40）

何西阿描寫假冒為善的以色列時也是同樣的思維。她們再次對上帝不忠實的情形，用喜好妝飾的婦女，戲劇性地描繪出來：「我必追討她素日給諸巴力燒香的罪；那時她佩帶耳環和別樣妝飾，隨從她所愛的，卻忘記我。這是耶和華說的。」（何2:13）

聖經一再將豔麗的化粧及佩帶妝飾，與罪、變節及異教

聯結在一起，當他們離開主佩帶妝飾時，如以賽亞所說：「他們述說自己的罪惡，並不隱瞞。」（賽3:9）清楚而毫不含糊的經文是不缺乏的。這些經文指出，天上偉大的上帝對佩帶那些東西是不喜悅的，是偏離祂的旨意。

回過來看新約聖經。描繪的焦點更清楚了。約翰在啟示錄中形容一朱紅色婦人（假教會的表號）的罪，為「用金子、寶石、珍珠為妝飾；手拿金杯，杯中盛滿了可憎之物，就是她淫亂的污穢。」（啟17：4）

啟示錄12章1節，相反地，描寫真教會時，則描寫她是個有太陽榮光華麗的婦人。這位婦人在啟示錄21章9節被稱為基督的新婦。請注意，基督的新婦沒有佩帶裝飾品。真教會與假教會的形式也可指出，佩帶人工飾物在上帝眼中的地位如何。

在保羅與彼得所寫的聖經經文中顯示出，早期教會對此行為堅定不變的觀念。他們二人在門徒心中都佔據忠心與具有影響力的地位。他們那靈力充沛的書信，代表了使徒教會不成問題的觀點。保羅寫著說：『又願女人廉恥、自守，以正派衣裳為妝飾，不以編髮、黃金、珍珠，和貴價的衣裳為妝飾，只要有善行，這才與自稱是敬上帝的女人相宜。』（提前2:9-10）

彼得所寫的也是一樣，但他特別對丈夫不信主的基督徒婦人說：「你們作妻子的要順服自己的丈夫；這樣，若有不信從道理的丈夫，他們雖然不聽道，也可以因妻子的品行被感

化過來；這正是因看見你們有貞潔的品行和敬畏的心。你們不要以外面的辮頭髮，戴金飾，穿美衣為妝飾，只要以裡面存著長久溫柔、安靜的心為妝飾；這在上帝面前是極寶貴的。」（彼前3:1-4）

彼得的這些話是對今天教會中的基督徒妻子們的勉言。她們的丈夫還未信主。她們必須面對一個最麻煩的問題。信主的妻子為了取悅她還沒有悔改的丈夫可以讓步到甚麼地步呢？在小事情上，她要在上帝的真理上妥協到甚麼地步，好使家庭和睦，並贏得丈夫信主呢？彼得的勉言清楚簡單。那就是，在真理與原則上，是完全不能妥協的。即使妻子不准講述她的信仰，但她可以藉著她的品行來感化丈夫。

請注意信奉基督的妻子的品行，能表現出來。彼得確信，她拋棄妝飾品，更能感化她的丈夫。無疑地，上帝的靈也能協助妻子應付進退維谷的處境。她覺得應該佩帶結婚戒指以獲得丈夫的喜悅，但又明知此舉使上帝不悅。這段經文非常明白地指出，應將上帝放在首位；而且，此舉比其他舉止更能感化她的丈夫。數以百計的佈道家與牧師們可以證明這是實在的。最後能引領她丈夫相信真裡的是那些堅持上帝的話為標準的婦女。那些不能引領她們伴侶的，則是在小事上降低標準，去迎合他們不信道的丈夫的婦女。

這似乎矛盾，但實際的結果，卻能證明。只要妻子不遵照自己的信仰而活，丈夫就會認為那必定不很重要。但他若不能獲得他甜蜜的基督徒妻子充分的合作，從事一些他感興奮的事情，因為她立場堅定，要取悅主超乎一切，即

使對抗當時使丈夫不快樂，但丈夫會深深感到這個「宗教小節」必定很重要。他可能不會顯露他真正的感覺，事實上他也可能十分憤怒，但他卻會對他妻子堅定的良心立場，生發出尊重與欽佩之情。

到此，我們必定期待那些不肯放棄結婚戒指的妻子們提出辯護理由。她們說，「我不要放棄我的結婚戒指，因為這表示我已結婚了。我以我的夫君為榮。我要大家知道，我已結婚。我認為婚姻是極為神聖的事情。」沒有人能在此誠心誠意的話中找到錯處。每位妻子都應該愛她的丈夫，並以夫君為榮。婚姻是重要的，她應讓大家知道她已經結婚了。但讓我們來問一個問題。在人生中，還有比婚姻更重要的事嗎？有的，有一件事，比與丈夫或妻子結婚更重要，那就是與基督聯姻。擁有基督的愛，是唯一能超越夫婦的愛，而享有優先權的。在全部強有力的聖經證據亮光下，我們發現，妝飾品是愛我們的主所不喜悅的。誠然，結婚戒指使他人知道她已結婚了；但也使他人知道其他的事。這也告訴他人，她選擇取悅她的丈夫勝於取悅主耶穌；同時也表示她將人的意願置於聖經所啟示的上帝的旨意之上。因此，就是向世界作了錯誤的見證。

有人會反對這結論，以為太強烈了。有人一定會說：「你用像結婚戒指或妝飾品這種芝麻小事來論斷及考驗我的基督教。」不，事情並非如此，受考驗的是愛上帝的心。同時聖經也指出受考驗的標準。這考驗不但包括遵守上帝誠命明白的啟示，也包括了放棄一切令祂不喜悅的事

物。證據在此：「並且我們一切所求的，就從祂得著；因為我們遵守祂的命令，行祂所喜悅的事。」（約壹3:22）

請不要忽略真基督徒常作的兩件事。他們遵從上帝律法中訂定的直接與明確的要求。他們並且更進一步在每一件事上尋求取悅他的主。換句話說，他遵從這兩項原則，並且，「察驗何為主所喜悅的事。」（弗5:10）耶穌在祂的生活與教訓中，戲劇性地以身作則奉行此神聖原則。祂說：「那差我來的是與我同在；祂沒有撇下我獨自在這裡，因為我常做祂所喜悅的事。」（約8:29）這個必須順從的命令，明顯地也應用在世俗的人身上。但在小事上取悅上帝，只顯示在基督徒的愛心上，因他們尋求明白上帝旨意的經文。耶穌再來時，得救之人嚴肅的景況，表現在以諾身上，「以諾因著信，被接去，不至於見死，人也找不著他，因為上帝已經把他接去了；只是他被接去以先，已經得了上帝喜悅他的明證。」（來11:5）保羅在帖撒羅尼迦前書四章十六節描寫基督復臨的榮耀。在同一節經文中，他描繪已死義人的復活，與活著的義人被接升天。但論到那些準備被接升天的聖徒們，保羅說：「我們靠著主耶穌求你們，勸你們，……知道該怎樣行可以討上帝的喜悅。」（帖前4:1）那些從世上蒙拯救之人的記號是，他們在凡事上都願取悅主。

請聽，如果你知道某些事情是主所喜悅的，但你卻不願奉行。那你實際所行的是甚麼呢？你是取悅人，超過取悅主。你可能說：「那是多麼微小的事啊！」當然，那是小事情，但愛心卻受到考驗。我們在小事情上證明我們彼此

相愛。請問任何家庭主婦是否會如此。她丈夫送了一台洗碗機作她的生日禮物，她會感激他。但如果在週日回家時帶回一束鮮花，說：「親愛的，讓我來為你洗碗。」任何妻子會告訴你，這比洗碗機更具意義。為甚麼？因為這顯示出，他做這件小事，比做一些讓人驚喜的大事，更具真情。我們遵從上帝的十誡，上帝喜悅，但我們能在十誡之外還遵守聖經中啟示的小事，就更能表達我們的愛心。

對與不對，決不能也決不應該以大小衡量。基督徒的大問題是罪的質，而非罪的量。聖經啟示，豔麗的化粧，戒指、耳環等等，是主所不喜悅的。上帝的話，沒有啟示多少濃淡的化粧，才是主所不喜悅的；或說甚麼樣的戒指、耳環或多少個，才使祂不喜悅。即使細微的故意違背上帝的啟示，也都是嚴重的。這表示出內心反抗上帝居首位。今天魔鬼最歡喜用的辯詞是：「稍微一點點不要緊。」這是羅得接受天使的命令要他逃到山裡去時愚蠢的辯詞。他求天使允許他到靠近所多瑪與蛾摩拉的另一座城中去。他的辯詞是：「這不是一個小的嗎？」（創19：20）你是否知道為甚麼他在所多瑪城失去一切財產之後，還要到另一座城去嗎？然而，今天許多基督徒仍然用這同一歪理來辯護。他們在戒指的大小，或化粧的濃淡上辯論，以之為託詞。

撒但十分喜歡聽見人設法來決定他們能違背上帝的程度。決不可忘記這一點：重要的不是偏離聖經標準的程度有多少，而是偏離的事實所造成的問題。跨出去那一步的

大小並不那麼重要，問題是跨出那一步的方向。

有時候牧師為人指責將結婚戒指的事小題大作，因為他們叫慕道友將戒指脫下來，才為他施浸。實際的經驗證明，結婚戒指完全不成問題。戒指只不過是其許多更嚴重問題的徵兆──缺少完全的降服，當心降服之後上帝會成為生命中的首位。沒有一個皈依者會讓小小的戒指阻礙他受浸與基督的身體聯合。當愛基督的心強於愛自己、愛丈夫，或妻子時，就沒有任何東西能夠阻擋。一枚小小的金屬戒指，乃是微不足道的了。

在本章中，我們將考慮聖經論到這題目的另外一方面。其中一些甚具勸導的力量，並且可以答覆那些不相信珠寶是上帝不喜悅之人的反對。它以最明白的方式，連為結婚戒指辯護的最後防線，也攻破了。

在進入保羅有說服力的議論之前，讓我們先確立一個從事救靈之人所熟知的事實：那些堅持要佩帶珠寶的人成為教友之後，必須對為慕道者放下絆腳石而負責。幾乎任何佈道家或牧師都能告訴你因為少數教友信仰與行為不一致，而使一些即將受浸的男女改變主意的傷心故事。這些慕道友在學習聖經中有關基督徒的一切標準之後，卻發現教友，甚至教會職員佩帶戒指及其他妝飾品時十分吃驚。不少因此失望而後退，並且完全拒絕加入教會。

一定有人會提出反對說：「他們不應該看別人怎樣呀，他們應該只為了真理本身是真理而接受真理。」這的確也是真

的。但只是別忘記，我們是在對付那些尋找聖經中不受人歡迎之信息漏洞的人。我們的工作，就是要十分忍耐的堵塞每個漏洞，並且回答一切辯論，使他們完全降服。實際上他們有權期待教會實踐所講的道理。少數信仰與行為不一致的教友，能破壞牧師許多月來祈禱查經為慕道友所做的準備工作。任何人成為他人的絆腳石，都是不對的。

保羅對那些使人在基督徒成長中灰心的人寫下了最嚴肅的警告：「所以，我們不可再彼此論斷，寧可定意誰也不給弟兄放下絆腳跌人之物。」（羅14:13）耶穌也曾論到同一主題，只不過是描述使兒童跌倒的罪行。或許那想成為安息日學兒童班教員的人來讀，更有意義。祂說：「凡使這信我的一個小子跌倒的，倒不如把大磨石拴在這人的頸項上，沉在深海裡。」（太18:6）這話實在講得嚴重。沒有比這話更嚴重的了──教員以錯誤示範誤導兒童。當兒童們看見他們心愛的教員手指上戴著戒指，就常常會對聖經標準發生疑問。

在某一個教會中的幼稚園裡，有個小女孩特別敬愛她班上一個戴戒指的老師。在崇拜聚會時，她也獲得應許與這位老師及她的丈夫坐在一起。因為他們自己沒有孩子，所以很喜歡這個乖女孩與他們在一起。小女孩一向很注意老師手提包裡的東西。因為天性與愛，她大多數時間都握著老師的手。某個安息日講道的時候，老師俯視小女孩，注意到小女孩將她的戒指退了下來，帶在自己的小手指上。她帶著一些困惑的感覺把戒指取了回來，再戴回到自己的手指上。

一週又一週過去了，這位教員十分困擾地注意到，這小

女孩似乎對戒指著了迷。她玩弄，撫摸這枚戒指，常常小心的想把它取下來，好戴在自己的小手指上。這小女孩不斷增長的迷戀，使老師擔憂了。自知聖經對妝飾品的教訓，自她開始戴戒指以來，良心就很不安。現在，當她希望將小女孩對這人工妝飾品的注意力轉移到其他地方去時，她已無法專注崇拜聚會的進行了。

最後，她實在受不了，深信她已將絆腳石放在這小女孩前面，於是把戒指拿下，永不再戴。之後她對牧師講到這經驗時，曾描繪將試探放在一個天真爛漫小女孩面前時罪惡感使她苦惱的感覺。

「可是，我並不覺得戴戒指有甚麼不對，為甚麼只是為了讓人看就要假冒為善把戒指脫下來呢？」保羅在哥林多前書八章一至十三節，有效地回答了這個問題。那一整章論到的是拜偶像之物作食物的問題。早期教會在這個問題上產生了分歧。外邦基督徒來自異教，相信吃這種食物是不好的。他們記得食物獻給偶像為祭的事。即使他們已經是基督徒，他們仍然覺得吃這種食物仍舊有歸順偶像的意思。但在另一方面，猶太基督徒是由猶太教的信仰改變而來。他們覺得這些食物適合食用。既然這些食物並非不潔淨，又與其他食物一同在市場出售，猶太基督徒購買，毫無良心上的問題。

這兩派的爭論變得非常嚴重。最後保羅必須在哥林多前書第八章，用了全章相當長的篇幅來處理這個問題。請注意他的結論：「論到吃祭偶像之物，我們知道偶像在世上算不得

什麼，也知道上帝只有一位，再沒有別的上帝。…但人不都有這等知識。有人到如今因拜慣了偶像，就以為所吃的是祭偶像之物。他們的良心既然軟弱，也就污穢了。…只是你們要謹慎，恐怕你們這自由竟成了那軟弱人的絆腳石。若有人見你這有知識的，在偶像的廟裡坐席，這人的良心若是軟弱，豈不放膽去吃那祭偶像之物嗎？因此，基督為他死的那軟弱弟兄，也就因你的知識沉淪了。你們這樣得罪弟兄們，傷了他們軟弱的良心，就是得罪基督。」（林前8:4-12）

這些非常驚人的經文，將他們的靈性集中在對別人的愛上。將之應用在教會讓人自由戴戒指的事上，尤其具有更大的力量。更有力量的緣故是，妝飾品是上帝所譴責的，而祭偶像的食物卻沒有。可是保羅仍舊說，吃這種食物仍然是罪，因為成為別人的絆腳石或障礙物。戒指在同樣情形下，也成了其他基督徒的絆腳石。因此，我們不能逃脫。如此犯罪，也是「得罪基督」。

這又帶領我們回到這本小冊的中心主題——愛。無論我們從愛或從取悅上帝的觀點來看基督徒標準，或從愛我們的鄰居看，其結果都一樣。整個的觀念是將自己放在最後。基於愛的宗教，不僅要滿足十條誡命的文字，更要每天尋求代表上帝旨意的話。正如約翰提醒我們：「因為我們遵守祂的命令，行祂所喜悅的事。（約壹3:22）

讀到這裡，我能問你一個問題嗎？這是否會引起對佩帶妝飾品的疑問？分佈在聖經前前後後的經文的證據，是否對此舉動引起問題？一對夫婦說：「為了佩帶一件珠寶，

上帝就不讓我們進入天堂，這種說法仍舊無法說服我相信。」我問他們：「雖然你們戴它並不會失落，但這許多經文，至少會引起此舉無法獲得上帝完全許可的問題。」「啊，是呀，」他們說；「我們無法說這個題目模糊不清。」我的下一個問題：「你們想一想有無十分之一的機會，上帝不喜歡你們戴戒指？」想了一想，他們倆都同意，有問題的成分很高。然後，我又問他們：「當你們即將受浸，將一生完全降服於耶穌基督時，你們願意冒這十分之一的險，讓那為你們犧牲生命的主不喜悅嗎？」

慢慢地，他們脫下了戒指。「不！」丈夫說：「我們不要冒最微小的險使主不悅，我們要完全順從耶穌。既然有懷疑，我們就可認為那是祂不喜悅的。」

我並不願說，這樣的降服容易。耶穌說：「若有人要跟從我，就當捨己，天天背起他的十字架來跟從我。」（路9:23）主耶穌要說的是，要否定自我。祂是說，每個人都有一場對自己不願犧牲之事物的爭戰。人到基督面前學習祂的方法，必須克己，或者否認本身天性想要保留的。這才是捨己的意思。有人在這一點上，使這個試驗失敗了，而別人在另一方面失敗了。我曾看見有人在金錢上無法勝過自我。信上帝可能危害自身的職業，薪津減少，而無法拒絕對金錢的愛。其他的人必須離開朋友才能跟隨耶穌到底，而他們不願在朋友上否定自我。有人是口腹之慾阻礙他們，很多人不願克己，放棄菸酒。與聖經所要求放棄的不潔淨食物。有人在虛榮與驕傲上失敗了。他們不願在無

度的服裝虛榮上克己。

看見真理能減少聽眾，非常有趣。在宣講上帝要求改變生活方式之前，沒有人離開；如果我們不宣講上帝的全部教訓，大部分聽眾對要求都有反應。當真理對恣意放縱發出挑戰時，抗爭就開始了。安息日、什一與飲食的考驗，都與一些自我的基本天性針鋒相對。許多人在這些方面失敗了。但是，非常奇怪，當上帝的旨意與個人自傲的地方相抵觸之時，大戰隨即開始。虛榮心是深而又廣的。利己主義又是個千面人，以各種狡猾的方式出現。

請記住，在整個過程中的某些地方，魔鬼會利用自我反抗上帝的旨意，作最後的拼命掙扎。只有那些全心全意愛基督的人，才能夠並願意百分之一百的完全降服。世上最快樂的人，是那些不肯讓任何東西阻礙他們在凡事上取悅上帝的人。

剛才已經提到，活著取悅上帝的基督徒，是世上最快樂的人。耶穌說：「你們若遵守我的命令，就常在我的愛裡，正如我遵守了我父的命令，常在祂的愛裡。這些事我已經對你們說了，是要叫我的喜樂存在你們心裡，並叫你們的喜樂可以滿足。」（約15：10-11）莫怪乎完全獻身的基督徒一眼就可以看出來。有內在的聖潔與喜樂的光輝，反映在他外在的容貌上。雖然他們放下了世俗的妝飾品，但是他們佩帶了別的屬靈妝飾，讓人可以立刻將他們辨識出來。有些婦女，在摘下珠寶之後，幾乎感到是赤身露體，但不久上帝以真正的代替了人工的。大衛寫著說：「凡仰望祂的，便有光榮；

他們的臉必不蒙羞。」（詩34:5）

新生基督徒的新外貌使世人驚訝。每一樣不好的事情都放棄了。上帝的子民接受了屬靈的代替品，正如保羅所說：「黑夜已深，白晝將近；我們就當脫去暗昧的行為，帶上光明的兵器。」（羅13:12）請注意多麼引人注目的改變。當一個人改變了他的服裝與妝飾品，基督的新婦受到新的注意，以賽亞將上帝子民的服裝與世俗的服裝作過比較：「我因耶和華大大歡喜；我的心靠上帝快樂。因祂以拯救為衣給我穿上，以公義為袍給我披上，好像新郎戴上華冠，又像新婦佩戴妝飾。」（賽61:10）當我們與基督結婚，冠上了祂的名號，我們並非向世俗的新郎新婦那樣愛慕自身，我們歡喜快樂以「拯救為衣」，以「公義為袍」。發光的臉表現出新的光輝外表，使世人驚訝。

這個重要觀點，須加以特別注意。一個人的品格與經驗，會在他的臉上表現出來。我們最有力的基督徒見證，可以簡單的在發光的臉上表現出來。我曾聽到一個最有說服力的辯論，反對艷麗的化粧，就是根據此一事實。一位有名的天主教作家紀伊絲解釋她從來不化粧臉部及戴妝飾品的原因說：「二十五年來的風霜給一個女人的臉部除了皺紋及頸項上不受歡迎的贅肉外，還有不少其他的痕跡。在一段漫長的歲月中，她親身經歷了痛苦與快樂、歡愉與悲傷、生命與死亡。她曾掙扎與得勝、失敗與成功。她曾失落信仰又復得。因此，她應該比她年輕時更聰明、溫和，更有耐心、更容忍；她的幽默感應更成熟；她的展望應更寬闊；她的同情心應更

深切。這一切都應表現出來。如果她想遮蓋她的年華，她就會冒著毀滅她的經驗與品格的危險。」（「靈感之言」原文198面）

在這段文字中，包含了多少有力的真理。基督徒婦女們在她們臉部的表情上充滿了見證。公義、尊嚴、純潔與平靜的信靠上帝——這些特徵常常清楚地，突出地表現在臉上。耶穌說：「你們的光也當這樣照在人前，叫他們看見你們的好行為，便將榮耀歸給你們在天上的父。」（太5:16）這話可能正是這個意思。樸素臉孔上的屬靈光輝能吸引人歸向耶穌基督的宗教，其效果比十多場宣講與查經還大。

我們花費了相當多的時間在人工妝飾上，指出愛怎樣能領人到聖經中尋求甚麼能取悅主。我們也可以用其他基督徒標準的例子，用同樣的原則，得到取悅主的動機，知道我們在跳舞、電影、賭博、飲食與服裝上，應怎樣行，同樣清楚的顯明，這些教會的崇高標準，並非根據人組成的委員會的決議，而是根據上帝在祂聖言中所啟示的旨意。

第六章

電視的陷阱

我們已經提到外表看來無害的電視機，陰險地進入了家庭。因為偶而有些節目能通過聖經真理的考驗，純潔，因此對一些辯論說電視可在家庭裡用為教育工具的説法，極容易屈從。通常對可以觀賞的節目的嚴肅決定，是以其高品質為準。但是讓我們誠實地說，這種對電視的限制規則能維持多久呢？對許多處於標準分界線的節目，這個辦法實在難於執行，在何處畫出分界線難於確定。一小時的紀錄片中，要用幾個褻瀆的字眼，才使它不合格呢？還有其他同樣困惑的決定很快就會變得讓人感到不耐。門愈開愈大，施分辨的感官適應了不斷增加的低標準畫面與場景。因為有名望的電視新聞廣播員的報告中散佈著粗話，所以，對稍微不規矩的言語，也就容易認為正當了。許多商業廣告中也混雜了藐視與諷刺基督教道德標準的語言。

漸漸地，愈來愈難相信，收看節目經過謹慎選擇就不會產生屬靈遲鈍的感覺。一些高度吸引人的教育節目也會攙雜一些村言俚語。許多人爭論説，我們必須學習活在這種

語言之中，因為它無時無刻不圍繞著我們。不錯，我們常常聽到環繞在我們四周粗野的言語。但那是我們本來可以避免的，是否應該故意暴露在其中呢？

實際上，我們多數面對著艱苦的奮鬥，掉頭不顧街上那些誘惑性的罪惡景緻。即使沒有將試探之源帶進我們的起居室，我們已經有過多試探，佔據我們的全部時間與力量。

許多人不明白看一看可能就犯罪。如果伊甸園中，有人來到夏娃背後問她在禁果面前作甚麼，她可能會回答說：「我只是看看呀！」但是夏娃的看看引進了一切悲痛，以及這慘痛的六千年中千萬人的死亡。

大衛王在午睡中醒來，無意中看見鄰居美麗的妻子在地中海式的屋頂花園沐浴。若是有人問大衛他在作甚麼，他或許會回答說：「看看呀！」但這一看導致姦淫與謀殺。這些罪影響了全國離開上帝。他和拔示巴不道德行為的結果，使悲慘與叛逆奪去了他家中自己的四個兒子。他那無知的「看看」所造成的創傷，以及之後他的悔恨與悲嘆何等痛苦！

心思的模式會產生不能磨滅的影響，再如何強調也不會過份。因為觀看，我們就會改變。人看見的東西，會在他心中產生心思意念。「因為他心怎樣思量，他為人就是怎樣。」（箴23：7）這使我們有了電視能危害基督徒生活最嚴肅的理由。這是基於代替犯罪與或心思參與罪的原則。耶穌宣稱：「你們聽見有話說：『不可姦淫。』只是我告訴你們，凡看見婦女就動淫念的，這人心裡已經與她犯姦

淫了。」（太5:27-28）

請注意，心思能產生如此真實的思想幻境。而使人真正參與幻境中發生的事。這項參與會如此真實，耶穌說，我們要對允許我們心思進入這種境地負責，如同我們對我們的實際行動負責一樣。腦是身體行動的決策中心。每一動作必須先在腦中形成，然後，轉化成行動。腦，藉著無數神經交通系統，傳送信息給手、腳，及其他器官，以付諸行動，因此，正是受試探最強烈的地點。它孕育著心思幻象，直到向身體發出命令，令身體行動，其力量如此放肆，意志力又如此軟弱，很少人能不服從其命令而懸崖勒馬的。

基督徒不犯罪的確實保障，在於拒絕撒但強制植入人心思的罪惡思想與幻想。一旦罪藏於心，經過思想，即使只是思想，那心身不可思議的親密關係，就會產生出身體的反應。腦發出快速如電的信息，讓整個身體預備採取行動。如今身心雙方聯合起來，強迫人去行動了。

假使思想不能促使人的肉體放縱，思想裡雖然有淫蕩的意念，但沒有人來與他一同進行犯罪的行為，或者這人是基督徒，他可能有堅強的抑制力，抑制住胡思亂想中的行為，所以他能抗拒，不做心思中的衝動行動。在此情形下，只是想像中的犯罪。但思想的力量如此之強，在上帝看來，那代替在心思中進行的罪行，如同實在的肉體放縱一樣。

現在讓我們將此原則應用在觀看電視上。沒有其他地方可以看更生動的邪惡行動表演的了。即使觀眾十分成熟，

知道它只是虛構的，假裝出來的，然而，他的感覺與畫面連結在一起時，好像他實際活出那經驗一樣，心跳因驚慌而加速，眼中充滿淚水，觀看的人將自己投射在劇情之中。無論是在危急的環境裡激烈槍戰中奮戰脫險，或是在無法醫治絕症中受苦，或是那在臥房裡屈服於激情與挑逗的場面，觀看者為劇情所擄，就代替劇中男女英雄經歷冒險。耶穌說，這樣的參與，和實際的作為同樣錯誤。

試想像一下撒但利用電視媒體的驚人戰略吧。你的心思簡直無法想像。這裡有一個撒但用以激勵人犯罪的情況，例如，假想的姦淫場面。撒但藉著操縱人的感情，可以把一場罪惡的表演化為千萬個真實的姦淫行為，因為千萬觀眾會將自己投射入劇情之中。在觀眾的心思裡這並非假想，而是如此真實，甚至他們的身體會發出反應。雖然觀看的人，並未真正參與犯罪，但淫蕩與恐懼的感情實際上已完全控制了他們，他們的心思意念如同他們真正參與犯罪一樣受到影響。更嚴重的是，上帝要定他們的罪，如同他們親身犯罪一樣。

多麼巧妙殘忍的方法將人轉變成為竊賊、兇手，和姦淫犯呀！撒但只要與戲劇作家和演員們合作，製造出最具吸引力、寫實的、感情的情節，之後，思想的自然律就接手過去，觀眾就會成為他讓自己去觀看的節目的感情俘虜。一天他會實際到商店去順手牽羊，過幾天成為兇手，以後犯姦淫、私通。螢光幕上的演員只不過是荒謬扮演，但對觀看的人來說，至少是暫時的去作上帝與社會所不許可，

令人奮興的事，而不必面對做這事的後果。然而，我們是否仍然要面對這些後果呢？可能不是實質的，但這些邪惡的道德責任在審判時都必須面對。對那沒有承認及放棄那些罪惡的人，因為濫用了心思與意志的神聖力量，要付出多麼可怕的代價啊！

這項替代犯罪原則，解釋了聖經為甚麼在五個感官的題目上，講論得如此強烈。耶穌講得很清楚，在保護心思的通路上應盡全力而為。在祂提到看見婦女起淫念之後，就立即說：「若是你的右眼叫你跌倒，就剜出來丟掉，寧可失去百體中的一體，不叫全身丟在地獄裡。」（太5:29）

這節聖經常被人曲解。耶穌並不是講論肉體的眼睛。人失去一隻眼睛，仍能是邪惡與敗壞的。祂是在講論眼睛所注視的事物。如果眼睛觀看一些引導心思醞釀罪惡的東西，耶穌說就應採取最激烈的行動消出這些影像。換句話說：「不要繼續觀看破壞靈性，挑逗人的東西。」那樣行會導致人犯罪而使人「丟在地獄裡」。

這是「只是看看」一些不正當圖畫的危險之戲劇性的例子。以現今的情形而論，基督是說，如果我們看電視而無法控制自己，最好就將電視機丟進屋外的拉圾桶裡去，免得引我們受其影響而犯罪。沒有電視機度所謂一隻眼睛的生活，遠比受電視影響污染我們的思想，使我們犯罪而失落好得多。

基督的命令是：「剜出來！」轉臉不看眼睛所觀看的。

我們必須選擇。獲得清潔心思的唯一辦法是：只觀看，
聽，與講說清潔的事物。保羅說：「弟兄們，我還有未盡
的話：凡是真實的、可敬的、公義的、清潔的、可愛的、
有美名的，若有什麼德行，若有什麼稱讚，這些事你們都
要思念。」（腓4:8）成為純潔、誠實，和良善的秘訣，在
於思想同樣的內容。我們的思想方式，是我們所見所聞及
所說決定的。大衛說：「邪僻的事，我都不擺在我眼
前；」（詩101:3）

在這些屬靈因素之外，我們更能加上許多電視上的暴行
對思想與道德的影響，犯罪的引誘，學術研究與那使人驚
詫的統計數字。這些都是大眾熟知，並常為人所津津樂道
的。沒有人能確知，電視故事裡犯罪的細節藍圖，被多少
劫匪、竊賊、強姦犯付諸實施了。

今天社會對暴行的人間苦難，無動於衷。電視中的暴行與
不人道的不斷演出，製造出人類漠不關心的氣氛。人不願受
到連累。他們常常看見人受攻擊卻不理會地走開了。大眾對
自然界災難，如地震、洪水、飢荒，也幾乎毫不關懷。下午
六點新聞廣播中南美或土耳其成千上萬的人死亡圖片所帶給
人的感動，比不上前一晚深夜電影的情節。那為了感動人商
業廣告型的古怪動畫所贏得的回應，遠比實際死亡與受苦的
報導所贏得的多。人所有的細膩的同情感，已經被好萊塢驚
懼專家們不斷的情感轟擊變得遲鈍了。

死亡的衝擊由於經常過度暴露而減弱了。即使新聞廣播中
殺人與暗殺的圖片，也在節目中，連續重複讓人收看，情形

幾乎如同那被殺的人復活過來，好再被殺死，並一再重播。奧斯俄德兇殺案的持續播報，就是此種電視暴行的例子之一。最後，人的心思幾乎否認了所看之事的真實性。

這對人的良心與品格，最終有何影響呢？無疑的，它會使人裡面產生一種想看暴行而免於罪感的病態慾望。看電視的人以無辜的旁觀者身份既非肇事者，也非受害者。他既無法阻止，就只能袖手旁觀；漸漸地，他調適自己抱持那在迷失中不採取行動的心態。心思在經常轟擊之下，對幻想與真實的分辨，就模糊不清了。這就是在真實生活中如此多的人能夠看見獸行與暴行時還能袖手旁觀的原因。

最近一位新娘説：「我們當初結婚時只有最少的生活必需品：一張床，一個爐子，一架電視機。」百分之九十八美國家庭都有電視機，你可以盡你的能力想像，每天六個半鐘頭的觀賞電視，所造成的影響有多大。

兒童們花費了三分之一醒著的時間，在人為的、強烈的、並非父母想要，甚至父母根本不知道的各種理念與哲學不斷轟擊的影響之下。調查發現，五歲至二十歲的兒女，有四分之一每一個上學日看電視的時間，在五個小時以上，比他們直接接受學校老師教導的時間還多，比他們遊戲與吃飯的時間還多，只有睡眠的時間比消磨在電視上多而已。

輸入到這些男女孩子們開放思想中的是些甚麼信息呢？所有電視節目中百分之八十三含有暴行。百分之九十八的卡通片節目描繪暴行。事實上，當你的孩子們觀看卡通片

時，平均每二分鐘就有三十次暴行。西部片及偵探片也不見得好，因為其中百分之九十七含有暴行。

還有那些未足學齡未上學的兒童呢？根據尼森電視調查，這些學齡前兒童每週有54.1小時坐在電視機前。試想一想這些幾乎還是嬰孩的柔軟的心靈與感情所受的影響吧。他們醒著的時候百分之六十四，在吸收緊張、暴力，與商業廣告扭曲神經的無聊的東西。那較大一代的青年人在對真實生活與人的調適上顯得有困難時，我們還要感到奇怪嗎？

最有結論性的研究要算是刊登在異常心理學與社會心理學公報上的報告了。他們的結論是根據實際觀察正常兒童，並參照控制組，與他們暴露在螢光幕上的暴行時測量他們的反應而得。結論是，劇中的暴行會加強兒童侵略性的性情。毫無疑問地，他們在摹做電視上看到的暴力行為。

兒童看電視上了癮最悲慘的結果是，他們與雙親間的溝通可悲地斷絕了。在那每天非常重要的五小時裡，絕對會與他人斷絕來往。賓州大學社會學與人類學系主任阿齊米博士相信，兒童看到暴行、性行為，與侵略性的場面時，會產生幻覺。「你若打斷神情恍惚看電視的人，他會惱怒你打擾了他。但你若問他所看節目的內容，他卻又無法回答你。

「父母們對他們的兒女，也會成為電視的推動者。大多數幼小的兒童，需要與他們的雙親有溫暖親密的聯繫。但父母卻告訴他們說；『我沒空。去看電視吧！』

「不久習慣就養成了，目光開始呆滯，茫茫然坐在電視機面前。習慣一旦養成，要他們離開，就像要上了毒癮的人戒毒一樣困難。」

如果父母不保護他們的孩子，免受電視毫無休止的情感的攻擊，誰又來保護他們呢？製造商並不保護任何人的孩童。他們的企圖只有一個——消費。不必專家，誰都可以看出，他們主要的吸引力是訴諸於人類的虛榮心、色慾和貪慾。市場心理學家將他們的廣告目標，專放在那些張大眼睛毫無防衛力的天真兒童身上。

你曾否注意到電視節目中的刻板情形。老師們一般都被描繪是無能，完全不合適。要年輕性感才能快樂。婚姻被說成枯燥乏味，遠比不上不忠實而有的刺激。父母則常被指為無能，不識時務的老朽，缺少做出正確決定的權與力。整個家庭與社會的基礎，完全被大多數電視節目破壞了。莫怪乎今天我們社會的大問題，乃是在保持這社會的基本單位——家庭，不致消失。

第七章

合法的結合

　　為了比較，請想像兩個家庭的景況。一個家庭有三個妻子，都同時嫁給同一男人。每個妻子都有一個或幾個孩子。大家住在一起。這三個家庭的丈夫，也就是父親，常在家中成為這三家的安全保護人，與權威的執法者。

　　另外一種情形是，一個男人先後與三個婦人結婚，她們都為他生了孩子，並先後離婚。這些家庭分開居住。孩子們因為沒有父親，就在經濟與情感的傷害下長大。

　　這兩種想像的情形，你以為那一種最糟？國家的法律禁止其中之一而寬容另外一種。如果我們能從社會與人道的立場，從各方面加以考察，我們會說，後一種要比前面一種糟。從傳統的猶太基督教的立場來看，我們會譴責第一個家庭，因為錯誤比較明顯。

　　單從聖經的角度來看，這兩種情形中，在基本的道德觀念上有甚麼真正不同的地方呢？根據聖經，婚姻的諾言是終生的。在舊約時代，與一個無辜的配偶離婚去與另外一

位結婚，會受到比當時流行的多妻主義更嚴厲的譴責。雙方面都阻礙了上帝的計畫與目的。兒童在離婚過程之下所受的痛苦，可能比多妻的情形更多。但在上帝啟示的亮光之下，二者都無法容忍，也都不能找到正當的辯護理由。無論是同時有幾個妻子，或者在不同時間與不同的婦人有婚姻關係，都違背了上帝的旨意。

我們如何能解釋基督徒的行為與聖經的原則在這件事上的矛盾呢？愈來愈多的教友們認為，他們結婚次數多少並無限制。整個教會的道德良知已經變動，好去適應教會內大量的離婚情事。

雖然大多數基督教團體同意聖經有關離婚的教訓，但在公開表明的立場上，則顯得很少有所作為。教會職員與牧師們常要在受到壓力之下，才會發表清楚的官方教義立場。其理由的關鍵可能是，那離了婚但至少在會眾的默認下仍然擔任教會領袖的數目，令人感到尷尬。

很不幸，如果離婚問題不在發生之時立即處理，以後就會無法弄清問題，並採取任何行動了。因為這樣的案子牽涉到控訴與反控，又常常是缺乏支持的證據，牧師們就都不願意被拖入這爆炸性的沼澤裡。教會委員會也不願擔負起這種不愉快的任務，去反對他們中的一位。而且那人可能還是教會中受人尊敬的領袖。結果，事情變得模糊不清。對有過錯的人很容易使用善意的解釋，以致有過錯的一方被允許留在教會裡。甚至他再婚了，也仍然無條件的保持他教會裡的身份。

　　無可否認，人際關係問題，困難複雜，看似無法解決。每個個案都有讓人困惑的各種環境。因此可能無法獲得使雙方都滿意又公正與公平的解決辦法。但是無論教會採取任何行動，都應該完全與聖經對離婚的教訓相一致。聖經的教訓毫不含糊與曖昧。耶穌用直接的話說，只有一種情形，可以離婚與再婚，那就是犯了姦淫罪。耶穌說：「我告訴你們，凡休妻另娶的，若不是為淫亂的緣故，就是犯姦淫了；有人娶那被休的婦人，也是犯姦淫了。」（太19:9）

　　請注意，基督對丈夫或妻子與配偶離婚而與別人結婚，若非對方不忠實，就定為姦淫罪。如果伴侶犯了姦淫，則無罪的一方可以離婚與再婚而無罪。

　　對耶穌在離婚的主題上明顯的嚴謹態度，一直有無盡止的爭論。甚至祂自己的門徒，也驚訝祂的不妥協態度。他們說：「人和妻子既是這樣，倒不如不娶。」（太19:10）在門徒們心裡，耶穌的意思是非常清楚的。他們瞭解耶穌那除非姦淫禁止一切離婚與再婚的立場。基督對他們詫異的回答，證實了他們已正確地明白祂的話。

　　直到如今，可以說，大多數基督教與天主教解釋耶穌的話，都與那些門徒相似。不幸，離婚數字不斷增加。對教會中離婚的人數節節高升時，聖經的道理似乎變得越來越冒犯與無法同意了。有些教會，包括基督復臨安息日會，曾多次企圖重新解釋教會對此主題的教義立場。

到此應該來考慮一個例子。是豫言之靈的勉言以強有力的聖經立場對離婚主題給早期基督復臨安息日會的指針：

「一個婦女依照國家的法律，或者可以說是已經與她的丈夫正式離婚了，然而在上帝看來，並按照那更高的律法而言，她還沒有離婚。因為只有一種罪——那就是姦淫，才能在上帝面前使丈夫或妻子處於可以擺脫婚約約束的地步。雖然國家的法令允許離婚，但依照《聖經》的真理並根據上帝的律法，他們還是夫妻。」（「復臨信徒的家庭」五十六章）

「你對於婚姻關系的理念乃是錯誤的。惟有玷污婚姻的洞房的行為才能解除婚約或使之無效。……人不能隨意為自己創設律法作為標準，而遠避上帝的律法，放任自己的心願。他們必須服從上帝之公義的偉大道德標準。……上帝只容許一個叫妻子離開丈夫或丈夫離開妻子的理由，那就是犯了姦淫。這一方面的理由也必須虔誠地加以思考。」（同上）

「因為太草率以致有許多不快樂的婚姻。雙方在婚姻壇上，上帝面前，以最嚴肅的誓言，結合他們的心願。缺乏事先考量，及獻上儆醒誠懇的祈禱，許多人隨衝動行事。他們沒有徹底互相瞭解對方的性情。他們不知道這是有關他們終生的幸福。如果他們在這件事情上發生了錯誤，他們的婚姻顯出不快樂，是無法收回的。如果他們無法指望能使彼此快樂，他們就必須盡他們的能力去忍受了。」（「屬靈的恩賜」原文卷三120面）

在一場合中，懷愛倫師母表示，違背道德的人，應該永遠從教會除名。她在信中沒有清楚地指出違犯道德的細節。所建議的行動表示，某些違背上帝律法的人，應該在教會之外領受救恩。

「E不可能與教會有團契。他將自己處身於教會愛莫能助的地位。他不能參與教會的聚會與發言。他曾置身於真理與亮光之前。但他頑固地選擇了自己的路，拒絕聽從指責。他順從了敗壞心思的慾念，違背了上帝的聖律，又使現代真裡的工作蒙羞。如果他衷心悔改，教會必須不碰他；他若去天國，必須沒有教友的身份獨自去。上帝的譴責要經常在他身上，免得道德的標準盡棄於地。」（「教會證言」卷一原文215面）

對這個題目，豫言之靈以及基督率直的話，其立場是堅定的。有人故意遺棄無罪的配偶與他人結婚，就犯了姦淫。他們就該從教會除名。並且，只要他們仍然保持聖經所禁止的有罪關係，就不可重回教會作教友。

這完全合乎聖經對悔改及放棄罪行的要求。「遮掩自己罪過的，必不亨通；承認離棄罪過的，必蒙憐恤。」（箴28:13）

多年來教會在此完全屬靈原則下行事，很少有爭執與不協調的情形發生。但當世上離婚更加普遍時，這種家庭破裂的不良風俗也愈來愈多侵入餘民教會。撒但利用他最愛用的攻擊手腕，一點一滴侵入上帝的家庭，使用他致命的

武器，暗中蔓延的妥協，不按聖經許可的理由而離婚的愈來愈多。之後，有罪的再婚的配偶們帶著新伴侶，重新申請加入教會。申請者常是有才能的人，並曾一度是受人尊敬的教會領袖與教會職員。同情心也就發生了。深厚的感情開始設法讓除名者再進入教會。

幾乎任何人都能同情優秀、有才幹，請求受浸的人，特別是當他們表示深深的誠意與獻身時。因此，很容易衝動的認定，應該接受這些申請受浸的人，並匆忙要依他們的才幹，叫他們擔任教會的職位。但是這種決定應該憑我們的感受來定嗎？或必須依據上帝的話決定呢？雖然我們想忽視或否認，但這些人已經犯了姦淫，並還繼續活在聖經稱之為罪的關係裡。如果上帝對這些事情定罪。教會膽敢認可嗎？

藉著浸禮與接受他們為基督的肢體，我們可認為受浸的人已為上帝所接納，已經是上帝的兒女了。但若是他們的生活，仍與上帝的律法相違背，我們如何能用這樣的確信去安慰他們呢？並且若是上帝實在並不認可，那豈不是帶給他們危險的安慰，引導他們接受那會使他們致命的不存在的安全嗎？

有人可能會反對這種作法，理由是在這種情況中棄絕罪，豈不是又破壞了另一個婚姻？兩個錯不會等於是對。對這項反對的回答是，我們並不要他們如何去處理他們的關係，但我們可以並應該切切實實地將聖經的說法告訴他們。其實，那些人在他們故意進入這種姦淫式婚姻之前早就知道真理，因此，使他們的情形更為嚴重了。教會應該清楚地讓他們知

道，教會無法給他們聖經之外的安慰與認可。

對上帝聖言中關乎姦淫的教訓，沒有牧師有權説能有例外。教會與教會中服事的人，應讓此對夫婦明瞭，地上沒有任何權威，或權柄，可以超過上帝的訓誨。所以他們沒有資格成為基督的肢體。這並不是説，他們不能得救。上帝在審判日有權決定任何的例外。祂是無所不知的。祂瞭解動機、秘密與環境。但祂並沒有賜下權柄給祂的教會作例外的決定，也沒有賜下決定例外的條件。必須劃出界線，並且聖經已經將這界線畫出來。不可讓個人的同情削弱此項決定。

即使可能找到某個教會或牧師願意接納一對甚至仍然活在姦淫關係中的夫婦為教友，但這並不能增加他們得救的機會。上帝不認可離婚及姦淫。罪必須記錄下來，使有罪的人得到深刻的印象，知道罪的性質何等可怕。在聖靈感動之下，他們應該決定如何處理他們不合法的婚姻。沒有人可以勸他們斷絕他們現有的關係。他們必須為自己的得救作決定。無論如何決定，教會要勉勵他們忠心，參加聚會，信靠上帝的慈悲，但是接納他們回歸教會為教友，就是改變上帝的話去滿足我們的願望，而不去滿足上帝所要求的條件。

第八章
音樂與情緒

要是不考量音樂的影響，則研究基督徒的標準就不能算完全。全世界千千萬萬的青年人正被搖滾樂所催眠。它超越了語言、文化、宗教的界線，比任何社會上的影響力都大。甚至基督教教會被所謂「福音搖滾樂」所侵入，成為教會青年與其他青年的溝通與傳道工具。但是，「現代」音樂的節奏、速度，倒底在傳達甚麼信息呢？我們如何解釋成千上萬的人為這種聲音竟喜愛到身不由主呢？

很少人能瞭解，音樂影響聽者的意識與潛意識的力量是那麼大。人早已知道，軍樂、管樂隊音樂、宗教音樂，可以產生預期的情感反應。實驗中極大多數的人對同一種的音樂，都幾乎產生一致的集體反應。他們被撫慰人的旋律麻醉，進入一種懷念之情或昏昏欲睡的狀態。再不然，他們就會被相當狂野的，切分節奏的音樂所激動，做出實際的暴行來。

音樂如何能產生出情感狀態？如今科學證明，它是基於生理反應，藉腦電波、血液循環，及結合身體內的化學作用而

成。所有這些功能都能受音樂極大程度的影響。醫學研究顯明，耳神經的聯結比體內其他神經的連接更廣。研究已實際證明，音樂能直接影響脈搏、血壓、神經系統、消化、肌肉與身體的內分泌。蕭思博士在其所著「音樂心裡學」一書中，寫下了令人注意的話：「在所知道感覺器官的受感過程中，音樂是最有力的刺激。⋯⋯音樂影響我們的感情，其強度與速度，超乎一切其他作用。」（原文39面）

最令人驚奇的實際情形是，身體器官如何對音樂發生反應。身體只在腦的命令下運作，我們知道，音樂就必須在某些方式下先達到腦部。但腦的那一部分接收音樂的刺激呢？在這方面一個非常重要的發現是，那「聽」到音樂的是腦中接受感情、感覺與情緒刺激的部分。音樂實際上完全越過了那掌管理智與知識的腦中樞，它完全不靠大腦就可進入體內。它是經過感覺、感情傳遞中心的視丘進入。蕭思與許恩這樣描寫說：「一旦刺激能達到視丘，就自動侵入大腦。如果刺激繼續一段時間，大腦與現實世界更密切的聯繫就建立起來。」（Music and Medicine p.271,272）

請注意音樂「必須繼續一段時間」，才經過有意識的大腦產生生理反應。那經過電器喇叭放大之打擊樂器的重複衝擊性搖滾樂所產生的現象，人可以描繪它，卻並不瞭解它。時代雜誌形容說：「催眠性節奏產生奇怪的魔力。許多跳舞的人會忘記周圍的人，他們飄飄然忘記了舞伴，禁忌融化了，眼光遲鈍了。忽然間，他們似乎游泳在聲音的海洋裡。」

這個題目中最恐懼的事情是，音樂那無法抵抗的力量襲擊了情感之後，其次就是行動了。既然，襲擊是經過視丘，那聽音樂的人，就會為音樂所左右，而不經過任何有意識的決定了。這就是醫生們為甚麼使用音樂進入智障者與精神病人心思裡，以之為新治療工具的理由。這就開了一扇門，讓音樂在治療上，成為與智障者和精神病人溝通的一種工具。甚至自閉症兒童對此項刺激也明顯地產生反應，因為他們不必作任何有意識的決定——音樂只是感覺為聲音，就可經過視丘進入大腦中樞了。兒童對講的話可能完全不知道是甚麼意思，但音樂打開了感覺之門，直達意識的腦中樞。

這項關乎音樂的驚人事實，雖然能造福精神病患，但也供應撒但工具，攻擊凡願意傾聽錯誤音樂的任何人。聽音樂的人的心思在不知不覺之中，會傾向於魔鬼所用音樂節拍所誘導的感情。范笛華總括起來說：「很多我們稱為無法抗拒的音樂，它之所以如此，乃是出於我們感官反射功能層次所發出的反應。」（「醫院中的音樂」原文15面）

稍後范笛華在他書中描寫神經如何傳達音樂信息至身體各部門時說：「聲音的振盪作用在神經系統藉著節拍的振動傳到肌肉，使肌肉收縮而手舞足蹈。因為音樂的自動反應，許多人一聽到音樂就動起來。他們必須有意識地阻止，才能保持安靜。」（同上106面）

音樂對腦及身體之巧妙的心理影響的這項簡述，就使我們更瞭解，現代搖滾樂節奏如何在青年人身上產生如此大

的心靈傷害。非法的性行為、吸毒，背逆的主題，不斷地融進腦中，就使人對這些不正當的行為，在情感上產生接受的態度了。

撒但利用視丘工作，就越過了人聰明理性的心靈防線，直接進入人的心思——人類行動決策的偉大控制中心。在心思裡，撒但有辦法將感官的音樂感動，轉化為身體的行動。撒但能藉著神經的電報網路，將合適的命令，傳達到身體的各個部門，依照音樂對情感的刺激而行動了。

一些十分有名的搖滾樂音樂家，不但吸毒，也與通靈術有瓜葛的事實，已經不是秘密了。賴森曾記錄一些演員的自白。他們的成功是與撒但訂約而達到的。這就是說，撒但控制音樂的製作，同時也控制傳達到聽眾的方式。難怪許多搖滾樂音樂會至終成為淫蕩的狂歡會。演員與聽眾實際上都已被撒但俘擄控制了。

許多人為節奏樂辯護；它根據是其節奏與身體的節奏相聯，能產生出和諧的動作與成果。一些經過特別選擇的音樂，的確能增進肌肉工作效能。梅尼果夫在「蘇聯，音樂與醫藥」一文中強調此一事實說：「音樂速度改變的同時，工人的動作速度也改變了。好像那決定快速好動作的乃是音樂。另外一個對學生們的實驗，證明音樂不但影響工作能力，也影響脈搏與血壓。」（Music Journal XXII p.18）

身體既對特別選擇的音樂有反應，是否所有節奏的音樂對身體都有益呢？正好相反，雖然，人類天生對某些節奏

具親和力，但在一些旋律中那破壞拍子與和諧的不諧和音，與身體的律動完全不和諧。那就是典型的搖滾樂。孟金駱在一篇題為「音樂──撫慰，鎮定或使人野蠻」一文中說：「在左手彈奏堅持不變的正規拍子之上演奏出愈來愈快之近乎瘋狂的破壞節拍的高音，……對一個生物能產生同樣的分解與近乎歇斯底里的效果，如同一個人瘋狂地要同時衝向不同的方向一樣。任何精神病醫生都知道，這種同時向兩個方向的情感驅動力，正幫助我們精神病院住滿心靈破損的病人。」

孟金駱實際是說，人要維持康寧完整的人格，就決不可以置身於，與我們身體律動不協調的律動之下。若這項真理充分為人所知，大部分現今不安與背逆的青少年情況，就都可溯源於經常暴露在這種與人不相容的律動的緣故。

撒但利用屬乎感官的食慾戰略，並非新招。他曾在青少年身上做實驗，幾達六千年之久，十分清楚他們的弱點。他非常愉快地藉著搖滾樂支配過未悔改的青少年。但他更加愉快地能用歪曲心思催眠的音樂侵入教會。他藉著悠長的漸進計畫，成功地破壞了人精細的辨別力，將一些淫蕩音樂介紹到基督復臨安息日會之中。魔鬼竟能使末日教會的高標準妥協，何等的勝利呀！任何屬靈與屬肉體的混合進入宣揚上帝最後警告的選民之中，都會帶來何等的羞辱！

那些蒙召離開巴比倫及世界的人唯一正確的態度是，對我們靈性的大敵欺騙性音樂陷阱關上每一道門戶。對撒但破壞與腐敗人的工具，那使人墮落的音樂，決不妥協。我

們要聽基督提醒我們的話：「因為人所尊貴的，是上帝看為可憎惡的。」（路 16:15）在這節經文的光照下，我們應更加警覺，抵制如此受世人歡迎的音樂。只有深愛基督的心，能使我們的青年有力量採取毫無保留的立場，抵制撒但的這種「高等」的欺騙工具。

第九章

吃肉或不吃肉

一百多年來，基督復臨安息日會的教友們在健康方面享有莫大的優勢，在營養與飲食方面領受了上帝的特別訓誨。這項優勢的結果，已由數十位研究學者與作者寫出報告。在加州，本會的平均年齡比非本會的人多五年。

幾乎任何一種退化性疾病，本會得病的都比一般人少。雖然，事實上，大部分本會的教友在這方面只是在口頭上說說而已。我想如果每一位復臨信徒都是健康改革者，則我們的教會能成為何等的見證啊！

豫言之靈的著作中關乎飲食與疾病的部分，是最強有力，與獨一無二的貢獻。多年來論到營養的話題幾乎是零。懷愛倫師母則堅持說，吃肉是疾病的基本原因，包括癌症在內。她寫道：「往往在人所吃的肉中，充滿了肺病和癌症的病菌。於是乎這兩種惡病，和其它的險症，便傳到人的身上了。」（「服務真詮」第二十四章）

「假如吃肉曾是健康的，現在已不安全了。癌症、腫

瘤、肺病，大部分都是因為吃肉而來。」（「健康勉言」
原文133面）

　　懷愛倫師母在其一生中少有機會看到她所得的默示證明
是正確的。她所說癌症的病因，或濾過性病毒所感染的說
法，完全與醫學界所能接受的相反。自從她於1915年逝世
以來，密集的醫學研究，一件接著一件證實了她所介紹的
原則，例如康乃爾大學聞名世界的營養學家麥克嚴醫生，
證實她對飲食方面的瞭解，超過她的時代許多年。她常形
容健康的危險，諸如膽固醇在實驗室中發現許多年前，她
就已經提出來。

　　支持我們歷史地位的最近發展之一是美國國家癌症學會
在參議院營養小組督導之下，發表了該會研究的新方向。
下面是科學新聞雜誌的報告：

　　「國家癌症學會的建議是基於研究已不斷發現，飲食能
增加或抵抗癌症的發生，如咽喉癌、食道癌，與飲酒及吸
煙有關；高脂肪食物與乳癌、卵巢癌、前列腺癌、腸癌及
直腸癌有關。未飽和脂肪食物比飽和脂肪食物更容易產生
癌，至少在實驗室的老鼠身上是如此。相反的，基督復臨
安息日會信徒，吃低脂肪食物，其患癌的危險機率，則只
有其他人的百分之七十。食物中的纖維減少了直腸癌。素
食與抵抗乳癌有關連。」

　　多麼不幸，很多復臨信徒要等到世俗的研究員的科學證
據報告提出來之後，才相信早就賜下的啟示。結果是，我

們的健康記錄，並沒有像應該那樣給人有深刻的印象。當證據增加指出肉食是癌症及疾病的因素，非復臨信徒改吃素食的人也越來越多了。

不可思議，還有一大部分吃肉的基督復臨安息日會信徒似乎最難打動他們。在神聖書籍的警告之前，勸告與懇求，但數以千計的平信徒、傳教士們，繼續吃動物的肉。

在這件事上，上帝的訓言，有甚麼模糊不清嗎？一點也沒有。看來那些在這些訓言面前逃跑的人，對豫言之靈有嚴重的信心危機。對豫言之靈書中某些神學方面或者有人會產生懷疑，但在肉食的主題上，則絕對沒有。請考慮下面如下的數以百計的言論：

「吃肉使生病的傾向增加十倍。智力、道德力，與體力，因吃肉而減低。吃肉危害生理系統，混亂智力，使道德的敏覺遲鈍。」（「健康勉言」原文70面）

「許多人對吃肉的問題只是半信半疑。他們將會離開上帝的子民不再與他們同行。只作口頭上的基督徒，同時又去放縱那會增強不聖潔嗜好的食慾。……不如放棄基督徒的名稱……（上帝）呼召有決心的改革。」（「健康勉言」原文575-579面）

「我一再蒙指示，上帝企圖引領我們回頭，一步接一步，回到祂原先的設計，人類應該倚靠地球自然的產品生存。在等待主降臨的人中，吃肉終究要停止。肉類不再是他們食物的一部分。我們應該常常注意此目標，努力不斷

地向高處行。」（同上原文450面）

「凡在可以得著蔬菜為食物的環境之中，而仍在這事上隨一己之所慾，任性吃喝，就必漸漸不顧主所賜現代真理其他方面的教訓，也必失去對真理的理解。」（「證言精選」卷二537面）

「我蒙多方指示此主題。因吃肉而引起的死亡無法辨別，如能辨別，我們就聽不到任何贊成放縱食用死肉的爭辯與藉口了。」（「醫藥佈道」原文278面）

最奇怪的一件事是，此教訓被教會的傳教士與領袖們所拒絕。艱難時期已經在門口了。羊群飢渴般需求屬靈的領導。牧師們仍從埃及鍋中取肉大吃特吃。他們錯誤的行動，立下了壞榜樣使他人犯錯。雖然本會從未定吃肉本身為罪，但是對那些不聽從以下特別證言的牧師們會如何呢？

「本會的每位傳道人，不應在肉食這件事上，給人一種不良的榜樣。他們和他們的家人，都應當照著健康改良之光的引導而生活。」（「飲食勉言」40章）

「傳道人若希望在有肉食的餐桌上，與別人共享肉食，我們還能信任他們嗎？」（同上）

「難道福音的傳道人，身負宣揚上帝所給予人類最嚴肅真理之責，自己還要創例回到埃及的肉鍋旁去嗎？難道身受上帝庫房中十分之一供應的人，竟聽任放縱私慾去毒化那在自己血管中循環的生命之流嗎？難道他們竟罔顧上帝

所賜給他們的亮光和警告嗎?」（同上）

　　當我們考慮許許多多實質證據，指出污染的，有疾病的肉類來源時，基督復臨安息日會採取吃肉立場，是站不住腳的。讀到近來有關屠宰場大批違背最低限度的衛生標準的報告時，令人不禁噁心。消費者協會試驗零售商的漢堡肉，發現污染了排泄物，帶有致病的細菌。此項駭人的報告刊載在消費者報告雜誌裡。其結論說，檢驗指出，百分之七十三的標本所含大腸菌的數目遠超過使人生病的標準。漢堡肉的消耗量超過了美國牛肉消費總量的一半。我們相信它大大危害健康。消費者協會估計。絞碎的牛肉達到市場時，四分之一已經開始腐爛了。

　　美國政府會計局對六十八家禽肉處理場舉行檢查，發現衛生情況大多數「無法接受」。一半以上的產品，受到排泄物、腸中物、膽液及羽毛的污染。

　　那各種不同的肉類來源的內部情況又怎樣呢？從包裝工場出來數以百萬計的有病的屍體，賣給了消費者。動物共同患的疾病至少有八十種，可以傳染給其他動物。也很可能傳染給人類。即使適當的檢查，也無法避免疾病的危險，因為顯微鏡檢查不可能列在檢查過程之中。癌症的部分割除了，但動物的其他部分仍當作食物出售，而癌症的毒素已明顯的散佈到動物全身。

　　單是雞肉，就已發現二十六種疾病。這些疾病在人類與動物中都非常普遍。實際上，所有的雞，都帶有白血球癌

症病毒。養雞的農夫因白血球癌死亡的人數，比非農人高出了六倍！

肉類是細菌繁殖的最佳媒介。動物一被屠殺，就立刻開始腐爛，而且，速度極快。沒有甚麼方法可以防止變壞。當腐敗作用在顏色、氣味，與味道中明顯地展現時，大量化學品就被注入已經腐敗的肉類，以恢復其外表。試想像動物本身的排泄物陷在肉中，加上使動物快速生長的化學品，還要加上包裝工場外來的骯髒物，更加上注射進去的各種使外表好看的防腐劑，你所吃的是甚麼？它是完完全全不合適的蛋白質來源！

那些不接受清楚默示感動的人，還能說甚麼感動他們呢？那些為食慾所支配，而不受原則支配的人，既不能為上帝的聖言所感動，也就不會被科學的證據感動了。在無法辯駁的證據之下，有人仍吃熱狗，而熱狗中包含的是：混雜的動物耳朵、腳、鼻、乳房、腦、膀胱、眼睛、舌頭和血。

最後，我應怎樣面對新約聖經中禁止吃血的律法呢？早期教會受聖靈感動的領袖們花了長時間，討論對外邦人成為信徒的要求。他們的結論寫在使徒行傳十五章十九，二十節。雅各對全體與會人員說：「所以據我的意見，……吩咐他們禁戒偶像的污穢和姦淫，並勒死的牲畜和血。」(徒15:19-20)

誰能食用市場上的各種屠宰的牲畜而又能同時避免吃血呢？肉類充滿血液。有時還經過人工注射血液，好使腐敗的肉外表呈現健康的顏色。要遵照聖經的律法將牲畜的血

液流盡，則肉類將毫無滋味。很少人願意打消他們對牲畜血的渴望，以符合上帝聖言的要求。有各種不同的語言解釋技巧用來使吃血合理化。但是大多數吃肉的基督徒都很不舒服地越過了使徒行傳十五章。他們認為新約的律法是關乎飲血，與吃帶血的肉無關。但這並不是舊約聖經中禁止吃血的基礎。為何在使徒行傳中它就不同了呢？這實在是基督復臨安息日會的信徒們應該慎重考慮的。並且，還有特別另外加上的訓言亮光。

我真誠希望，沒有一位基督復臨安息日會信徒閱讀本書時嘲笑本書的立場。有些傳道士告訴我，他們的同工們因他們不吃肉而嘲笑他們。不遵從上帝的訓言是十分嚴重的。但是嘲笑神聖的信息，設法使他人也不遵從，乃是公開褻瀆。此主題的亮光遠超過歷來教會所得的啟示。

拒絕亮光，就是拒絕聖靈的工作，拒絕聖靈所默示的話。雖然我們無法知道違背這項亮光的罪的大小，但是，如果我們藐視上帝所賜使我們更聖潔，更健康的信息，就不能無罪。牧師們，教會職員們，以及教友們，都應該在上帝面前因忽視祂所啟示的旨意而懺悔。罪乃是故意違背已知的真理。這使領受更多亮光的基督復臨安息日會的教友們，更必須在上帝面前交帳。藉著傳揚並活出此項亮光，我們不但自己會領受身體及靈性的益處，並對他人也成了生命的馨香之氣。

第十章

聚餐與原則

　　基督復臨安息日會並非另外一個宗派，而是響應豫言而起來完成改革運動的。但是那曾觸及基督徒生活各方面的「改革」工作，遭遇如何呢？飲食改革從最初開始就是餘民教會的商標。但它的右手卻漸漸因為肉類的食慾而慢慢走樣了。

　　太多次了！這偉大的與自然律相合的基本指導原則卻慢慢地被沖淡了。復臨信徒的餐會，幾乎與過度放縱是同一含義。除了沒有肉的膳食之外，那在崇拜聚會之後的交誼餐會中，堆滿了山一般的不健康的甜點和香料食物，引誘人要大快朵頤。

　　控制食慾是靠基督的力量所必須獲得的基本勝利，藉以贖取我們始祖可悲的食慾放縱。我們的主曾在曠野中正面對付這個問題。祂藉著禱告與倚靠上帝的話，在首先的亞當悽慘失敗之處，得勝了那位試探者。此乃是每一位亞當的子孫要能得救都必須贏得的勝利。

　　最初的健康改革觀念，如何被歪曲到使非復臨信徒只知

道我們不吃肉的呢？運動，正確的食物配合，不吃精緻食品，少糖、少鹽，不吃零食，全麥及糙米，不吃藥，多喝水，食不過量等各項原則那裡去了呢？千萬人相信，並遵守安息日，但卻實際上在用他們的牙齒挖掘墳墓。

本會教友幾乎在不知不覺中在保健上發生了變化。沒有，我們沒有忘記，身體乃是上帝的殿的經文。我們仍然為我們不吃豬肉、海鮮而自傲，可能一半基督復臨安息日會的信徒，完全放棄了肉食，但這並非完整的健康改革信息。撒但在任何別的地方對小事的爭辯，其效力都比不上此處的強。藉著將小的違犯合理化，食慾就把基督復臨安息日會信徒的身體緊緊控制住了。我們中間過於肥胖的人數，可以說與世界上的情形旗鼓相當。

舉辦一項調查，讓人實際看看自身的實在克己情況，可能十分有趣。本會教友中能對他們的食慾說不的有多少？是否會發現，他們大多數的飲食習慣，是由他們的口腹之慾所支配，不受抑制與管束。你或許應該在此停下來自己回答這個問題。你是否定意減少與限制你的食慾，不讓你吃的量，超過你的需要。你能否走過點心桌上放著的各種甜點而不顧。你多少次對試探屈服吃了零食呢？

太多人故意小看這些事，以為不重要。但是上帝卻賜給他們教會大量的屬靈教訓。許多書籍，好幾百頁的篇幅，生動地講述，遵從身體規律的急迫性，正如要小心遵守上帝的律法一樣。故意違背這些健康基本規律可能使我們不配進入上帝的國。難道這句話太重嗎？讓我們再詳細考察一下吧。

　　我們是否認為吸煙與喝酒是罪？它們有害身體，並能縮短壽命。聖經說：「豈不知你們是上帝的殿，上帝的靈住在你們裡頭嗎？若有人毀壞上帝的殿，上帝必要毀壞那人；因為上帝的殿是聖的，這殿就是你們。」（林前3:16-17）問題：運動不足是否會縮短你的壽命？的確會。科學資料顯示，數以千計的人因為提早罹患心臟病死亡。吸煙不但讓人得心臟病，也使人早夭。不做適當運動是不是與吸煙一樣不好呢？無疑是的。要等到基督復臨安息日會的信徒們不再用藉口躲避這些原則，我們才會有希望逃避這些違犯健康規律造成的壞影響。

　　當我們談論延長壽命的恩賜時必須瞭解，我們是談論屬靈的事。當我們聽到屬靈的勉言說：「在兩餐之間，不可吃一口零食。」（「健康勉言」原文118面）之時，僅以一笑置之，而它卻是健康的重要原則。除非我們劃清界限保護我們精細的消化系統，我們也必繼續經驗其他墮落人類所遭受同樣的不健康與各樣的疾病。兩天打魚三天晒網式的遵從，是不夠的。必須有決心與毅力，與自我相戰，毫無疑問地必會發生。養成遵照神聖藍圖的習慣，至終必得報賞。

　　在這主題上有那麼多勉言的亮光中，我們又如何能解釋，仍有幾乎半數的教友吃牲畜的屍體呢？懷愛倫師母在「飲食勉言」中寫著說：「不可讓一盎司的肉進入我們胃中！」（原文380面）

　　「那些罔顧上帝賜給我們有關這問題的一切警告而仍舊

吃肉的人，他們沒有證據是行在安全的道路上。」（同上383面）「在那些等候主降臨的人中，吃肉至終要停止。肉類不再是他們食物的一部分。」（同上380,381面）

由於快速擴張的污染與化學毒物，我們簡直不需要特別指示叫我們離棄肉食。一些最受歡迎的肉類，經過檢驗後，無法通過最低健康標準。消費者報告雜誌曾對漢堡碎肉做過詳細檢驗。其結果是：「我們所買的漢堡碎肉中已經正在腐爛的，其百分比，竟是驚人的高。」

長期研究包裝工廠的雷得，在佛州雜誌上總括他們在漢堡與熱狗的發現說：

「所有這些處理過的肉品，都包含著人想像中的食品創新。它們被當為方便與賺取利潤的爛貨收集場，讓包裝工廠將碎肉片，不合標準的、有病的，與次等的肉丟棄在那裡。他們所做的只是將此等剩餘品加上顏色與調味料，再向毫無疑心的公眾推銷。法院的證據已經顯明，被污染的肉、馬肉、原先說是用來餵貓狗的生病動物的肉，常被絞碎做成漢堡肉與臘腸；肺臟、眼球、豬血與剁碎的皮則混在熱狗裡。

「為了消除臭氣與壞味，這樣的肉就常用非法的添加物亞硫酸鹽，使那腐壞的肉現出粉紅的健康顏色來。因為所用的肉常不乾淨，就必須常用清潔劑清洗；並且為了提高利潤，就加上所謂「捆綁劑」將肉條聯在一起，通常是用麥片，但偶而也用鋸木灰。」

/>

　　或許應該談一下復臨信徒使用糖的情形。最近醫藥方面的發現，證實了豫言之靈所說糖對人體有害的教訓。我們似乎如同非復臨信徒那樣，將糖塞進我們的身體。吃了過多甜食中的糖，與肥胖、糖尿病、血糖過低、冠狀心臟病及關節炎等，大有關係。

　　有關飲用含有咖啡因的飲料的壞處，似乎已經不需要勸告復臨信徒了。但是我們正處在暗中蔓延的妥協時代中。十分奇怪地，這個尼古丁的近親正在慢慢地進入復臨信徒的廚房裡。羅得的哲學：「這不是一個小的嗎？」被用來作為只用一點，又再來一點的辯護藉口。起初飲用只含3%咖啡因的飲料，但咖啡因的味道，與對咖啡因的放縱，就使飲用咖啡成癖難改。

　　對此，上帝的訓言是如何講的呢？「飲用茶與咖啡乃是一種罪惡，一種有害的放縱，猶如其他邪惡的事物一樣，傷害人的靈性。」（「飲食勉言」原文425面）從上面這段文字看來，有人會以為，飲用無咖啡因的咖啡，就只有百分之三的罪。但或不止於此。事實上，就是除去了全部咖啡因，那種飲料仍是十分有害。咖啡除了含有咖啡因之外，尚含有咖啡油（caffeol），一種揮發性的油類，使咖啡具有獨特的味道和香氣。咖啡油對胃的損害比咖啡因還要厲害。胃腸病專家孟泰克醫生對咖啡油，曾提出以下的報告：「如果你拿一杯咖啡，在沒有加糖與奶之前，就可看見有油浮在表面。這些油對胃與十二指腸所具有的刺激性。比人吃的任何別的東西更甚；能引起潰瘍。人在早上喝了咖啡，精神好起來，但

實際上只不過是拉緊了神經緊張的弦。

法律規定，在一盎司的可樂飲料瓶中所加進的咖啡因，不得超過五十毫克。可口可樂的味道是由可可來的，而其他可樂則用可樂豆。請注意可可葉是古柯鹼的唯一來源。而古柯鹼乃是強烈毒品，在醫藥用途上是嚴加管制的。公司雖然說，所有古柯鹼都已除去，但多方檢查發現，事實並非如此。

的確，如今已是應將妥協外衣拋棄，一致性地遵從賜給教會偉大真裡的時候了。奮興與晚雨正等候要賜給在全心順從這一邊堅定不移的人──這項順從生根於對耶穌基督之深邃的、屬靈的、個人的獻身。

第十一章

破壞你的見證

　　若是有巨大的電腦能忠實地錄下我們的一切思想，以及我們所說的話，我們會願意將它們都攤開在我們面前觀看嗎？觀看我們認為生平中最重要之事的實際情形，可能是一個使你震驚的經驗。我們的思想集中在某些甚麼事上呢？甚麼題目對我們如此重要，在我們心中如此甜蜜，使我們常講論這些事，超乎一切其他的事呢？身為基督徒的我們，大多數希望電腦放映出來的，會顯露出我們關乎耶穌的思想，與祂即將在榮耀裡降臨的真理，超乎一切其他題目。

　　我們屬靈的獻身應該超過一切世俗上要爭取我們的時間與注意力的東西，包括家庭與事業，而佔有第一優先。每個基督徒個人與基督的關係，應該是每個基督徒生活中絕對不可被挑戰的至高的項目。耶穌教導我們要愛祂勝過父母、配偶，或兒女。祂又說：「你們無論什麼人，若不撇下一切所有的，就不能作我的門徒。」（路14:33）論到優先，任何事物，若阻礙我們事奉基督，即應立刻丟棄。任何人開始與上帝競爭，要在我們的愛上獲得更高的地位，

就應該立即否認其地位。

這樣，顯然的，每一位基督徒的焦點，都應該放在屬靈的事上。他生活的每一部分，都應該以事奉上帝及將上帝與人分享的偉大中心為樞紐。這不是說我們要將大部分時間放在教會裡，也不是說，我們一天中的大部分時間都在禱告。實際上，每週醒著的時間，大部分都為家庭、事業、朋友所佔據。但是以基督為中心的生活，乃是指一切謀生的活動，與家人一起的休閒，及與朋友的交往之時，都有基督經常同在之甜蜜的靈，從心中瀰漫出來。

會講道與查經的基督徒不多。但是人人都能夠藉著活出美妙的聖經真理原則而發出強有力的感化力。無論才能、教育，或職業如何，每一個基督復臨安息日會的信徒，都應該藉著順從的生活，作救靈的見證。

我們的信息不是平凡的信息。我們的教義乃是直接得自聖經的，使人歡樂的改變生命的原則。我們教會所高舉的標準，都可引用耶穌與使徒們的榜樣為證據。我們是餘民，或說是新約教會中最後的教會。這就是為何我們守安息日，如同他們一樣。我們吃喝，排除有害的食物，榮耀上帝。使徒們也是如此行。

心中充滿了愛，與不願冒險使救主不悅，我們遵從聖經的命令，除去世俗的妝飾品與虛榮的服裝。洗腳禮是本會特殊的崇拜禮節，卻是耶穌親自的榜樣所設立的。我們特殊的生活方式觸及日常生活品行的每一方面。這一切都與

我們的宗教與屬靈的奉獻有著密切關係。

基督很快就要降臨。這最後的試驗時刻，乃是要幫助我們準備好迎見祂。別人或許不相信，但我們知道是真實的。沒有時間可以再浪費在無聊的電視、跳舞、上戲院，與世俗的娛樂上。我們必須藉著持久不變的聖潔生活的能力，吸引其他的人，離棄物質主義的空虛。撒但幾乎在這被污染的地球上隨心所欲。甚至流行的宗教也被他滲透與操控了。

唯一頑強抵抗這惡者的，就是餘民教會。置於這一世代傳講真理最後警告信息的人身上的重責大任，是空前的。對那還在斷定谷猶豫不決的人，我們是活的香氣，也可以是死的香氣。每個生靈都將被吸引加入我們一起信從這信息，不然，就會因拒絕而接受獸印。

我們所作所為都會影響我們遇見之人的抉擇——決心順從或違背真理。我們的言語、行動、服裝，與飲食，向看見我們的生活為唯一講章的人，講了些甚麼呢？他們之中許多人會受感動，但是他們也會在不普遍受人歡迎的真理上，尋找漏洞。

不管我們是否喜歡，我們的生活都在他人嚴密的觀察之中。半信的人會藉著信心向前遵從上帝的道。他們之中許多人盼望得著我們的鼓勵，有些正為安息日的困難奮鬥。他們若決心受洗，家庭事業就必須在安息日休息。他們需要知道，遵守安息日為聖，藉以尊重安息日的主，全然重要。他們在我們身上看見了甚麼呢？你現在遵守安息日的

情形，會向他們顯明尊基督為首的喜樂嗎？或者他們看見你們在安息日上館子吃飯，使他們懷疑，真的必須在安息日停止一切商業活動的重要性。如果他們覺得安息日只不過是個假日而不是聖日，他們就會很快決定停留在原來的地方。如果守安息日如同守星期日一樣，那他們可能在那天讓他們的職員照常上班。

我們這終必接受審判的人，有一些正為了放棄不潔淨食物而掙扎。他們知道，同時也相信，身體是上帝的殿，正在教會中尋找幫助，盼望有力量打破難關。但是他們看到了甚麼呢？我告訴你們有一個人看到甚麼。我清楚，因為我寫這書的兩星期前，在我佈道會中一位年輕的母親決志要受洗。在受洗前幾天，她被邀請到一位基督復臨安息日會的女士家中。那位女士在那裡給她一杯咖啡，而她一星期前，作了最大努力，放棄了終生飲咖啡的習慣。當然，她對這位復臨信徒新朋友解釋了，但對方仍勸她飲用咖啡。她堅持了她的立場。但是第二天，她面對我提出了一些問題，而我實在難以回答。不幸，在寫本書的時候，她還沒有受洗。喝咖啡不是一件小事，能夠影響人決心不順從真理。基督徒標準與基督徒見證之間有著密切關係。

每一位加入餘民教會的女士們，都要經歷決定放棄化粧及戴珠寶首飾的痛苦經驗。要改變時代的風俗習慣，不容易，特別是，她們有著女性根深蒂固的虛榮心。時尚已是那成為他奴隸之人的管轄者。有時丈夫會反對宗教對妻子的改變。當她們脫下結婚戒指及其他妝飾品時，可能形成

家庭的危機。因上帝的話改變了這些女士們決定將上帝置於第一位。她們接受彼得的挑戰，除去妝飾品以贏得丈夫的心（彼前3：1-3）。那時，她們在教會中尋找支持與讚許，但是她們看到甚麼呢？不但有零星的結婚戒指，還有閃爍的胸針、扣針，和服飾珠寶。她們得到鼓勵了嗎？得到了。她們得到鼓勵戴起結婚戒指。如果表徵性的戒指可以戴，生日寶石戒指、訂婚戒指、友誼戒指，也都可以戴了。並且，耳環是祖母遺留下來，有感情記念性的呀！

我們是在談論實際的事情嗎？這些事真正發生過嗎？它們是實實在在發生過的事情。曾有許多人因為教友們沒有照所受的教導實行而離棄了真理。有些女士們是時尚的愛好者，很難放棄世俗的虛榮。她們想在教會中染頭髮、戴假髮、首飾，以滿足她們世俗的虛榮。

問題是。無人能勝過人在暗中還在欽羨的敵人。教會中多少姊妹們在秘密中愛慕世俗。所以就不能在敵對有罪的驕傲與世俗的戰爭中得勝。在她們學會愛基督為至上，願意克己之前，她們會繼續成為他人的絆腳石。

怎樣才能使教會在基督徒生活的這些嚴重情形裡得以振作復興起來呢？我們如何才能使教友們因真理感到興奮，使他們的生活中充滿真理呢？開佈道會時，每一教友都應該在場，懷著急切、熱誠的心，因為有機會分贈真理。可悲的是，只有少數忠心的教友每天晚上在傳揚信息時來支持佈道會。我曾在佈道會中看見一些有教養的人士決心加入教會。之後，他們受邀到那些只象徵性支持佈道會的執

事或長老家中。但是新教友們進到這些家中之後，整個下午都消磨在觀賞電視球賽節目。最後教會領袖為了一隊可以擊敗另一隊興奮起來，坐在那裡幾個小時叫聲連連，精神完全灌注在比賽中。這一切正與耶穌的立場與教訓相違背。那個執事知道棒球隊每一隊員的平均打擊率與球隊勝負記錄，但他在下安息日在教會裡卻是半睡半醒。對安息日學課的問題，不能回答一個。他可能達到善工捐的目的，在信徒佈道活動中，講到分發傳單，能説善道；但他人生的興趣，則並非上帝的工作，但像羅得的妻一樣，所關心的是世上的東西。他講台上刻板的功能，並不能改變他的死刑判決。這人在話語上從球賽轉到救靈工作之前，會毫無得救的盼望。這就是教會中大部分人將會被篩出去的原因。他們一點點讓世俗吞食掉他們的經驗，接著是失去基督徒標準，最後就只剩下死板的形式，而這形式在大艱難的壓力下，將很快地崩潰。

球賽結束之後不難想像，這位新教友可能會向他復臨信徒主人請教獻什一的正確方式。他既身為商人，對進款毛額與支付淨額，毫不含糊。還有在繳交什一之後的奉獻呢？人在繳交什一之後，還真有能力作其他的奉獻嗎？這人決心受洗乃是靠信心跨出的一大步，因為他的事業正逢財務危機，要開始繳交什一，看來簡直是神智不清。他現在感到需要的是教會領袖的保證，好確知聖經中的各項應許都是實在的。

這位執事最好能夠因上帝為祂忠心管家所行的神蹟作出

驚人的見證。他既身為教會的職員，必是屬於51%忠心繳納什一教友中的一員。不可思議的是，本會全球教友中竟有49%完全不繳納什一，可能有人沒有收入。但實際上，許多人每週都因妄用屬乎上帝的什一而在竊取上帝。這項事實擺在我們面前，我們就不難瞭解，大部分上帝的子民如何要在試驗時期被篩出去了。

復臨信徒因金錢而失喪的，可能比因其他的因素更多。這就解釋了耶穌為何講了那麼多有關管家的話。在這物資豐盛的時代中，撒但集中力量在這件事上，自然有他的邏輯在。人屬乎肉體的心，生來自私自利，今天正被撒但成功地利用了。

佃農種田，自己留下百分之九十的莊稼，只將百分之十交給地主，難道還不合理，沒有佔甚麼便宜嗎？我們所經手的，都是屬於上帝的。祂只是允許我們使用。祂只要求十分之一指定用於傳福音的工作，何等大的恩惠啊！

對忠心奉獻的應許完全可靠嗎？上帝會斥責蝗蟲嗎？什一之外的奉獻又怎樣呢？耶穌說：「你們要給人，就必有給你們的，並且用十足的升斗，連搖帶按，上尖下流的倒在你們懷裡；因為你們用什麼量器量給人，也必用什麼量器量給你們。」（路6:38）換言之，我們的給與，不會比主賜給我們的更多。無論我們如何強烈使用我們的信心、盼望，作犧牲的奉獻，這些奉獻卻都會以某種方式回饋到我們身上。上帝的一切應許都不會落空。

大多數人患了「荷包保護症」。無論有多有少，都將荷包抓得緊緊的，並還想得到更多、更多。耶穌指出，富翁能進入天國的不多。這並不是說，有錢或有財產就是罪。有些富翁是獻身的基督徒，他們會得救。富翁有兩種——一種是自己發了財，另外一種是上帝使他發了財。有人說，他們藉著慷慨奉獻得到了上帝所應許的豐滿溢出的福份。他們不斷地給與，上帝也不斷地將更大的豐盛回饋他們。

有人會反對說：「這毫無意義。這裡只有一定數量的金錢可以用，並且也只能維持到某個程度。」反對的人提出這個意見，是因為他們未曾有過聖經應許應驗的經驗，因而真正感到惶惑。聖經應許看來的確似乎是不合理與虛妄。我們無法解釋我們如何能給出去越多，得到的就越多，正如我們無法解釋五餅二魚如何能餵飽幾千人一樣。那靠著信心向前去行的人，卻知道它真是如此。他們並不企圖去解釋，在紙上講是沒有用的。但是他們獻給主的越多，在錢財上就越富有。

我從不忘記，多年前，一位朋友挑戰，要試驗上帝。他奉獻他收入的四分之一給上帝，結果是大興隆。內人與我決定照上帝的話去行。我們訂下了一個犧牲很大的奉獻計畫，在一年中，從百分之二十五，增加到百分之三十，直到百分之四十。結果是，我們的物質福份增加了。同時我們的信心也增長了。我們真正感謝那位勸我們試驗上帝應許的人。現在，對失去機會不能興奮地看見上帝分餅神蹟的人，我們為他們惋惜。

世界各地成千的城市、鄉鎮和村莊中，上帝的聖工因為缺乏經費而無法振興。這應該是餘民教會面對的最小的問題。因為上帝已經賜給祂的子民完成聖工的財力。如果我們把持著這些金錢財產，直到毫無用處的時候，那時我們就要為此交帳。現在還能用這些金錢為天國預備生靈。耶穌勸導祂的子民，要將財寶儲存在天上。現在要利用這些錢財，不要藏起來生銹、腐爛。復臨信徒的父母們，將千萬金錢遺留給不信上帝的兒女之時，應該知道，這些金錢將用來幫助魔鬼的工作而不是幫助真理。那些金錢應該用為催促基督早日復臨，復興萬物。

耶穌在馬太福音三章二十二節論到「錢財的迷惑」。基督復臨安息日會的教友也會有這種迷惑。他們準備有一天把他們的財產放在上帝的壇前嗎？現今他們睜著眼看見最後機會就要在眼前越過，而他們的金錢正可用來促進聖工。

在奉獻什一的記錄十分貧乏之前，他們過著奢侈舒適的生活。難怪耶穌說：「因為你的財寶在哪裡，你的心也在那裡。」（太6:21）錢財投資在上帝的聖工上，奉獻者的心必與聖工聯合在一起。這些人不會受錢財的迷惑，卻會有財寶在天上。

第十二章
律法主義與愛

本書的焦點都在小事上，以及撒但如何蠶食上帝子民崇高的屬靈標準。我們分析了逐漸妥協的心理典型，及其如何將真理的力量變遲鈍了。有人提出說，我們專在次要的事上下功夫。這種關注太瑣碎，反而使人分心，不能專注重要的問題。他們懷疑那位創造宇宙的上帝，竟會關心到個人的行為細節。他們稱這項關心為律法主義。但是它到底是律法主義呢？還是愛呢？

即使這項標準稍微降低，並未導致對真理的大偏差，但仍有重要的理由讓我們對稍稍偏離上帝的旨意，也採取嚴格的態度。基督教並非建基於法律與禁令上。即使上帝親手寫下，受到高度尊重的十條誡命也不是。實際上，基督教的基礎在於與救主耶穌基督之間所建立愛的關係。真實基督徒的生活基礎，包括在基督在馬太福音22：37-40節中所舉出的兩大誡命：「你要盡心、盡性、盡意愛主你的上帝。這是誡命中的第一，且是最大的。其次也相仿，就是要愛人如己。這兩條誡命是律法和先知一切道理的總綱。」（太22:37-40）

　　所有聖經作者都講得很清楚。這實在就是基督教的全部內涵。愛的主題編織在全部舊約聖經與新約聖經之中。愛的果效乃是順從的行為。耶穌說：「你們若愛我，就必遵守我的命令。」（約14:15）耶穌的愛徒約翰寫著說：「我們遵守上帝的誡命，這就是愛祂了，並且祂的誡命不是難守的。」（約壹5:3）

　　即使人間的愛，在行事取悅所愛的唯一對象之時，也不會有問題。新郎與新娘並不會認為讓對方幸福的努力，乃是不愉快的責任。他們履行誓言不是因為國家的法律規定，若不如此，就會罰款或遭監禁。實際上，他們因相愛之深，所行的遠超過了法律的要求。任何為對方快樂而作的小事，都成了愉快的工作。

　　真愛的試驗每每在細微的關切上顯明出來。任何為妻的人都能證實此點。即使是幾朵就要凋謝的花，如果妻子知道是丈夫出外專為她找來的，也能使妻子流下情感豐富的眼淚。貴重的禮物並不會比出外採來的幾朵野菊花更感人。為甚麼？答案很簡單。它在愛的試驗結果上大了千倍，因為丈夫如此行，只為了一個理由；使他的妻子快樂。

　　請注意，我們與基督之間的愛的關係，也應如此。約翰說：「並且我們一切所求的，就從祂得著；因為我們遵守祂的命令，行祂所喜悅的事。」（約壹3:22）基督徒並不僅僅遵守十條誡命明白的要求，也追求凡事得蒙上帝的喜悅，這就關係到查考聖經，追求明白上帝的旨意，不冒險使上帝不悅。真實的愛，永遠是不求自己的益處，但求對方

的益處。

如果上帝關心祂子民所表現的愛，祂就必極為關注地注意他們在小事上對祂旨意的反應。那真正對上帝獻身的最大試驗，極可能就是對散佈啟示在全本聖經中使祂喜悅的小事上樂意依從的程度。在審判中這些行為不但不算是律法主義，反而可能被視為最高形式的無私之愛。

願上帝幫助我們天天查考聖經，明白如何在我們的衣食住行、服飾、言語及外表上，知道上帝的旨意如何。之後，就願我們以愛心歡歡喜喜地，在我們日常的基督徒生活方式裡，遵照祂的期望而活。

無論你怎樣想，絕不叫思想讓你臉紅慌張。

它在上帝面前敞開，你也泰然。

無論你怎樣講，悄悄地講，朗朗地講，

耶穌不要聽的，一個字你也不敢。

無論你讀甚麼書，甚麼在你腦中注入，

若是你清楚，只要上帝不悅地說，「給我那本書！」

你那驚惶的容顏會立即顯露，你就絕不去讀。

無論你怎樣寫，專心地寫，匆忙地寫，

不要耶穌讀的，就絕不寫。

在歡樂中無論你唱甚麼，

祂不喜歡聽的，就絕不唱。

無論你去那裡，一些地方絕對不去，

免得那位偉大的上帝問你：「為何來到這裡？」

一些東西好玩，你可不敢，

免得祂問你；「你在這兒貴幹？」

無論你穿甚麼衣裳，只要心裡平安，

感覺純潔，他人不會責難。

當耶穌打開你的衣箱。

你的臉不紅，良心不會不安，

思想，讀書，寫作，說話，

唱歌，走路，娛樂，都不差錯，

在外，或在家，

永遠活在上帝聖眼鑑察之下。

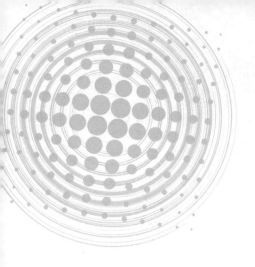

作　　者：古路思
譯　　者：程雪門
發 行 人：卓甫剩
編　　輯：時兆雜誌社編輯部
出版發行：時兆雜誌社
發行地址：105台北市八德路二段410巷5弄1號2樓
網　　址：http://www.stpa.org/
電　　話：02-2772-6420
出版日期：2004年7月
定　　價：新台幣120元整
ＩＳＢＮ：957-29162-8-9